KÖNIGS ERLÄUTERUNGEN SPEZIAL

Textanalyse und Interpretation zu

Janne Teller

NICHTS

Was im Leben wichtig ist

Thomas Möbius

Alle erforderlichen Infos für Abitur, Matura, Klausur und Referat plus Musteraufgaben mit Lösungsansätzen

Bange Verlag

Zitierte Ausgabe:
Teller, Janne: *Nichts. Was im Leben wichtig ist.* Aus dem Dänischen von Sigrid C. Engeler. München: dtv, ^{12}2017.

Über den Autor dieser Erläuterung:
Prof. Dr. phil. habil. Thomas Möbius, Studium der Germanistik/ev. Theologie/Philosophie, Studienrat an einem Gymnasium in Mannheim und an der *German European School* in Singapur, Akademischer Oberrat an der Pädagogischen Hochschule Heidelberg, nach Professuren in Freiburg, Osnabrück, Greifswald und Aachen Professor für Germanistische Literaturwissenschaft und Literaturdidaktik an der Justus-Liebig-Universität Gießen.

Für Philipp

2. Auflage 2021
ISBN: 978-3-8044-3137-9
PDF: 978-3-8044-5137-7, EPUB: 978-3-8044-4137-8

Druck und Weiterverarbeitung: Tiskárna Akcent, Vimperk

1. DAS WICHTIGSTE AUF EINEN BLICK – SCHNELLÜBERSICHT

Damit sich jeder Leser in unserem Band rasch zurechtfindet und das für ihn Interessante gleich entdeckt, hier eine Übersicht:

Im zweiten Kapitel werden das **Leben von Janne Teller** und der **zeitgeschichtliche Hintergrund** beschrieben:

⇨ S. 10 ff.

→ Janne Teller wurde **1964** in **Kopenhagen** geboren. Sie studierte dort Volkswirtschaftslehre und arbeitete später für die EU und die Vereinten Nationen. Ihren ersten Roman publizierte sie im Jahr 1999.

⇨ S. 13 ff.

→ Die **Zeit im Europa der 1990er Jahre** war politisch geprägt durch den Zerfall der Sowjetunion, die Wiedervereinigung Deutschlands und die wachsenden ethnischen Konflikte zwischen den einzelnen Volksgruppen des zerfallenden Jugoslawien. Die zunehmende Nutzung des Internets begann das Leben der Menschen grundlegend zu verändern.

⇨ S. 16 ff.

→ Der Roman *Intet* wurde im Jahr **2000** veröffentlicht, auf Deutsch erschien der Roman *Nichts* mit dem Untertitel *Was im Leben wichtig ist* erst im Jahr **2010**. Er zählt zum Genre der philosophischen **Adoleszenzliteratur** und setzt sich aus der Perspektive einer minderjährigen Ich-Erzählerin mit der Frage nach dem Sinn des Lebens auseinander.

Im dritten Kapitel bieten wir eine Textanalyse und -interpretation.

Entstehung und Quellen:

⇨ S. 20 ff.

Der Sinn des Lebens als Thema und insbesondere der **Nihilismus** haben Teller schon immer interessiert. Den Anlass für den Roman

Nichts gab eine Anfrage ihres Verlages, ob sie ein Jugendbuch schreiben wolle. Die ersten Sätze formulierte sie beim Radfahren. Das Schreiben fiel ihr leicht, weil sie auch eigene **Kindheitserfahrungen** in die Geschichte mit hineinfließen lassen konnte.

Inhalt:

Agnes, die Ich-Erzählerin, schildert acht Jahre zurückliegende Ereignisse, die sich zutragen, nachdem ihr Mitschüler **Pierre Anthon** auf einen Pflaumenbaum gestiegen ist und behauptet hat, dass nichts im Leben eine Bedeutung habe. Die Klasse 7 A unternimmt den Versuch, Pierre Anthon das Gegenteil zu beweisen. Das Geschehen gipfelt in der Ermordung Pierre Anthons. ⇨ S. 23 ff.

Chronologie und Schauplätze:

Der Roman spielt in dem fiktiven Ort **Tæring** in Dänemark in der Gegenwart. Die erzählte Zeit erstreckt sich vom Schulanfang im **August 1992 bis zum April 1993**; die Erzählgegenwart lässt sich auf acht Jahre nach den beschriebenen Ereignissen datieren. ⇨ S. 39 ff.

Personen:

Die Hauptpersonen sind

Agnes: ⇨ S. 48 ff.

- Ich-Erzählerin, schildert Ereignisse, die acht Jahre zurückliegen
- sieht ihre eigenen Lebensentwürfe durch Pierre Anthon infrage gestellt
- ängstlich und zurückhaltend, selbstreflektiert

Pierre Anthon: ⇨ S. 50 ff.

- stärkster Schüler der Klasse 7 A, wohnt mit seinem Vater in einer Kommune auf einem ehemaligen Bauernhof

- → sitzt eines Tages auf einem Pflaumenbaum im Vorgarten und provoziert mit nihilistischen Aussagen
- → wird am Ende von der ganzen Klasse zu Tode geprügelt

➪ S. 54 ff.

Sofie:

- → Sofie und Pierre Anthon waren für zwei Wochen ein Paar
- → hat die Idee mit dem „Berg aus Bedeutung"
- → verliert ihre Unschuld und verändert sich danach, wirkt kalt und unnachgiebig, verliert den Verstand und wird schließlich in die Psychiatrie eingewiesen

➪ S. 56 f.

Jan-Johan:

- → ist der Anführer der Klasse, physisch überlegen, spielt Gitarre und will Musiker werden
- → kann den Verlust seines Zeigefingers nicht abwenden, reagiert mit Angst und Panik
- → verrät die Gruppe

Die restlichen Schüler der Klasse 7 A treten als Nebenpersonen auf: Henrik, Marie-Ursula, Gerda, Elise, Dennis, Ingrid, Kai, Ole, Sebastian, Richard, Laura, Maike, Rosa, Anna-Li, Frederik, Hans, Hussein, Dame Werner. Alle Figuren der Erwachsenenwelt (Vater von Pierre Anthon, Klassenlehrer Herr Eskildsen, Journalisten) spielen eine Nebenrolle.

Stil und Sprache:

➪ S. 65 ff.

Der Roman wird durch die Perspektive der jugendlichen **Ich-Erzählerin** Agnes dominiert, die sich **standardsprachlich** ausdrückt. Zuweilen finden sich Beispiele einer poetischen Sprachverwendung und Sprachexperimente.

Interpretationsansatz:

Nichts lässt sich als ein **von existenzialistischen Fragen bestimmter parabelhafter Jugendroman** lesen, der am Beispiel der Auseinandersetzungen um den Bedeutungszweifel Pierre Anthons die individuellen Bemühungen der Jugendlichen verdeutlicht, dem Leben einen Sinn zu geben.

⇨ S. 73 ff.

Janne Teller (*1964)
© picture-alliance / Ulrich Baumgarten

2. JANNE TELLER: LEBEN UND WERK

2.1 Biografie[1]

JAHR	ORT	EREIGNIS	ALTER
8. April 1964	Kopenhagen/ Dänemark	Geburt (Mutter Österreicherin mit italienischen Wurzeln, Vater zur Hälfte Deutscher)	0
1978	Kopenhagen/ Dänemark	erste Erzählung in einer dänischen Zeitung veröffentlicht	14
1988	Kopenhagen/ Dänemark	Abschluss des Studiums der Volkswirtschaftslehre (M. Sc. Econ.)	24
1988–1990	Daressalam/ Tansania	Ökonomin im Entwicklungsprogramm der Vereinten Nationen (UNDP)	24–26
1990/91	Brüssel/ Belgien	Expertin für Handelspolitik bei der EU	26/27
1991/92	New York/ USA	Assistentin des Leiters des UN-Entwicklungsprogramms	27/28
1993/94	Maputo/ Mosambik	Beraterin des Repräsentanten der UN-Friedensmission in Mosambik	29/30
seit 1995	New York, Mailand, Paris, Kopenhagen	Entscheidung, sich hauptberuflich dem Schreiben zu widmen; wechselnde Wohnsitze	31
1998–2002	Kopenhagen/ Dänemark	Teilzeit-Beraterin für die Nordic Consulting Group	34–38
1999	Viby/Dänemark	Debütroman *Odins Insel* erscheint	35

1 Informationen zur Biografie Janne Tellers findet man in erster Linie auf ihrer Webseite (http://www.janneteller.com/) und in einigen verstreuten Interviews; eine Biografie existiert nicht, entsprechende Hinweise in Fachpublikationen (*Kritisches Lexikon zur deutschsprachigen Gegenwartsliteratur* oder *Kritisches Lexikon zur fremdsprachigen Gegenwartsliteratur*) fehlen.

JAHR	ORT	EREIGNIS	ALTER
2000	Kopenhagen/ Dänemark	***Nichts* erscheint**	36
2018	Deutschland	Sharing-Heritage-Botschafterin im Rahmen des Europäischen Kulturerbejahres 2018	54

Schwierige Kindheit

Janne Teller wurde am 8. April 1964 in Kopenhagen als Tochter einer österreichischen Mutter geboren. In einem Interview mit dem *Tagesspiegel*[2] aus dem Jahr 2014 erzählte sie von ihrer schwierigen Kindheit mit einer offenbar paranoiden Mutter, die sich durch ihre Tochter bedroht fühlte; Unterstützung fand Teller bei ihrer drei Jahre älteren Schwester Pia, die eine Art Mutterrolle für sie einnahm. Der Vater sollte nach dem Willen der Mutter kein enges Verhältnis zur Tochter aufbauen, zudem gelang es der Frau, nach außen hin normal zu wirken, sodass zunächst nur ihre Tochter Janne betroffen war; erst nach deren Auszug richtete sich der Verfolgungswahn auch gegen den Vater, von dem Tellers Mutter sich scheiden ließ.[3]

Nach dem Studium der Volkswirtschaftslehre arbeitete Teller zunächst von 1988–1990 als Ökonomin im Entwicklungsprogramm der Vereinten Nationen (UNDP) in Daressalam, Tansania: Dort befasste sie sich in erster Linie mit den sozialen Dimensionen der Strukturreformen, vor allem im Hinblick auf eine Abmilderung der sozialen Auswirkungen der ökonomischen Liberalisierung. Im Jahr 1990 wechselte sie nach Brüssel und beriet dort die EU in Fragen der Handelspolitik. In den Jahren 1991 und 1992 war sie Assistentin des Leiters des UN-Entwicklungsprogramms in New York/USA und dort in erster Linie mit administrativen Aufgaben befasst. Ihre letzte Auslandsmission führte sie in den Jahren 1993 und 1994 nach

2 Auszüge aus dem Interview kann im Kapitel 5 auf S. 92 ff. dieser Erläuterung nachlesen.
3 Ebd.

Mosambik, wo sie den Repräsentanten der UN-Friedensmission darin beriet, wie das Friedensabkommen umgesetzt und die Gesellschaft auf Frieden und Demokratie vorbereitet werden kann, wie die Rückkehr von Flüchtlingen organisiert werden kann und wie Waffenstillstandsverletzungen geahndet werden können.

Seit 1995 freie Schriftstellerin

Im Jahr 1995 entschied sich Teller dazu, zukünftig als Schriftstellerin und nicht mehr als Ökonomin und politische Beraterin zu arbeiten. Dennoch übernahm sie von 1998–2002 noch eine Teilzeit-Beratertätigkeit für die Nordic Consulting Group in Kopenhagen, die Tellers Expertise in sozioökonomischen Fragenstellungen in Ländern wie Bangladesch, Simbabwe, Uganda, Malawi, Mosambik und Ägypten nachfragte.

Janne Teller lebt heute abwechselnd in New York, Mailand, Paris und Kopenhagen und ist als Schriftstellerin erfolgreich. Ihr Werk umfasst neben Romanen für Jugendliche (*Nichts. Was im Leben wichtig ist*; *Krieg. Stell dir vor, er wäre hier*; *Alles – worum es geht*) und Erwachsene (*Odins Insel*; *Europa. Alles, was dir fehlt*; *Komm*) auch Kurzgeschichten und (überwiegend politische) Essays. Die gesellschaftskritischen Themen ihrer Texte werden in der Öffentlichkeit oft kontrovers diskutiert.

Die Anerkennung, die sie für ihre erzählende Literatur erhält, spiegelt sich sowohl in einer Vielzahl von Stipendien[4] als auch in einer großen Zahl von Literaturpreisen[5] wider.

Ihre Bücher wurden bislang in insgesamt 29 Sprachen übersetzt, darunter sind Englisch, Französisch, Deutsch, Italienisch, Spanisch, Katalanisch, Baskisch, Portugiesisch, Slowenisch, Kroatisch, Norwegisch, Schwedisch, Finnisch, Niederländisch, Türkisch, Russisch, Rumänisch, Japanisch, Chinesisch, Koreanisch und Latein.

---

4 Stipendien erhielt sie u. a. von den Stiftungen: Harald Kidde (1999), BG-Fonden (2000), Autorkontoen (2001, 2005), Statens Kunstfond (2001 und öfter).

5 Siehe Übersicht im Kapitel 2.3 auf S. 16 ff. dieser Erläuterung.

2.2 Zeitgeschichtlicher Hintergrund

ZUSAMMEN-FASSUNG

In diesem Kapitel wird der zeitgeschichtliche Hintergrund von Janne Teller beleuchtet. Der Roman selbst ist überwiegend frei von konkreten historischen Bezügen, seine Parabelhaftigkeit deutet auf die Zeitlosigkeit des verhandelten Themas hin. Gleichwohl lassen sich einige historische Ereignisse benennen, die sich während des Lebens der Autorin in Europa zugetragen und sich möglicherweise auch auf die Handlungs- und Figurenkonzeption des Buches ausgewirkt haben.

Wichtig für den Zeitraum von den 1960er Jahren bis heute:
→ Politisierung aller Lebensbereiche ab den 1960er Jahren
→ „Kalter Krieg" und Aufrüstung in den 1960er und 1970er Jahren, Abrüstung in den 1980er Jahren, Zerfall der Sowjetunion und des Warschauer Paktes zu Beginn der 1990er Jahre
→ Ereignisse im Ausland, vor allem die Bürgerkriege im ehemaligen Jugoslawien zwischen 1991 und 2001 und die Bedrohung durch islamische Terroranschläge seit 2001 beeinflussen die Innenpolitik.

Dänemark seit dem II. Weltkrieg

Janne Teller wurde 1964 im Königreich Dänemark geboren. Seine Staatsform einer konstitutionellen Monarchie weist dem Staatsoberhaupt eine ausschließlich repräsentative Funktion zu, die politische Macht liegt bei dem vom Volk gewählten Parlament („Folketing"). Außenpolitisch blieb Dänemark in den beiden Weltkriegen des 20. Jahrhunderts neutral, konnte aber dadurch die Besetzung durch die deutsche Wehrmacht im Zweiten Weltkrieg nicht verhindern. Nach dem Krieg trat Dänemark 1945 den Vereinten Nationen, 1949 der NATO und im selben Jahr dem Europarat bei. Seit 1960 war es auch Mitglied der European Free Trade Association („EFTA"), trat dann aber im Jahr 1973 der Europäischen Gemeinschaft bzw. der späteren Europäischen Union bei. Den Beitritt zur Eurozone lehnte das dänische Volk im Jahr 2000 ab, Währung blieb die dänische Krone. Dänemark gehört nach Norwegen, Island, Schweden und Neuseeland zu den Ländern mit dem höchsten „Demokratie-Index"[6], das heißt, dass die Bürgerrechte uneingeschränkt garantiert sind, dass die Regierung durch freie und gerechte Wahlen zustande kommt und dass ein stabiler gesellschaftlicher Grundkonsens im Hinblick auf die demokratische Herrschaftsform existiert. Auf der Rangliste der Länder, in denen die Pressefreiheit verwirklicht ist, rangiert Dänemark im Jahr 2017 nach Norwegen, Schweden und Finnland auf Platz 4.[7]

Entwicklungen in ganz Europa seit den 1960er Jahren

Dänemark partizipierte naturgemäß an den politischen und gesellschaftlichen Entwicklungen, die sich in Europa seit den 1960er Jahren zutrugen. Dazu gehören die Politisierung aller Lebensbereiche ab den 1960er Jahren durch die sogenannte „Studentenrevolte", die Auswirkungen der Konfrontation der Supermächte USA und UdSSR während des „Kalten Krieges" (Aufrüstung in den 1960er und 1970er Jahren, Abrüstung in den 1980er Jahren), der Zerfall der Sowjetunion und des Warschauer Paktes zu Beginn der 1990er Jahre.

Dänemark ist seit den 1990er Jahren auch von den inner- und außereuropäischen Flüchtlingsbewegungen betroffen; auf zuneh-

6 Dieser Index wird seit 2006 von der britischen Zeitschrift *The Economist* berechnet und wertet Daten in den Bereichen „Bürgerrechte", „Politische Kultur und Teilhabe", „Wahlen", „Regierung" aus. Deutschland kommt im Ranking aus dem Jahr 2018 nur auf Platz 13 (vgl. https://www.eiu.com/topic/democracy-index, Stand April 2019).

7 Vgl. https://rsf.org/en/ranking/2017 (Stand April 2019).

mende kulturelle Konflikte im Zusammenhang mit der Einwanderung deutete im Jahr 2005 die Auseinandersetzung um die sogenannten „Mohammed-Karikaturen“ in der dänischen Tageszeitung *Jyllands-Posten* hin, was eine weltweite Dimension bekam, in deren Verlauf fast 190 Menschen getötet und über 800 verletzt wurden. Die dänische Regierung bekannte sich seinerzeit explizit zur Pressefreiheit, was von fast 80 % der Bevölkerung geteilt wurde.

Die Fläche Dänemarks (ohne Grönland und die Färöer) entspricht etwa der Hälfte der Fläche Österreichs, die einzige Landgrenze bildet es mit Deutschland, aufgrund der gemeinsamen Geschichte leben deutsch- und dänischsprachige Minderheiten jeweils im Norden Schleswig-Holsteins bzw. im Süden Dänemarks.

Aus geistesgeschichtlicher Sicht und mit dem Blick auf die Thematik von *Nichts* ist erwähnenswert, dass mit Søren Kierkegaard (1813–1855) ein bedeutender Theologe und Philosoph in Dänemark wirkte, der den existenzialistischen deutschen Philosophen – Friedrich Nietzsche, Karl Jaspers und Martin Heidegger – entscheidende Impulse gab.

2.3 Angaben und Erläuterungen zu wesentlichen Werken

Werkübersicht

1999	*Odins ø* (dt. *Odins Insel*. Roman, 2002)
2000	*Intet* (dt. *Nichts. Was im Leben wichtig ist*. Roman, 2010)
2004	*Hvis der var krig I Norden* (dt. *Krieg. Stell dir vor, er wäre hier*, 2010)
2004	*Alt* (dt. *Alles – worum es geht.* Erzählungen, 2013)
2004	*Kattens tramp* (dt. *Die sieben Leben der Katze*. Roman, 2009; Neuausgabe unter dem Titel *Europa. Alles, was dir fehlt* , 2011)
2008	*Kom* (dt. *Komm*. Roman, 2012)
2013	*Alles – worum es geht* (Erzählungen, deutsche Originalausgabe)
2013	*Afrikanske veje* (dt. *Afrikanische Wege*. Roman, 2014)
2018	*At gå nøgen* (Essay-Sammlung, noch nicht auf Deutsch erschienen)

Daneben hat Teller eine Reihe von Essays verfasst, die sich hauptsächlich um politische Themen drehen und die auch in deutschen Periodika erschienen sind. Eine Auswahl:

2005	*Between the lines* (Information)
2005	*Our different realities* (Lettre Internationale)
2005	*Walking naked* (Lettre Internationale)
2007	*On quality and literature* (Danish Teachers' Magazine)
2007	*Why no Guru is a true Guru* (Corriere della Sera)
2009	*The power of art, the art of power* (Politiken)
2009	*Long live Denmark* (Politiken)
2011	*WikiLeaks: Der Spion von nebenan* (Cicero)
2012	*Europa, wer willst du sein?* (Die Welt)

2013	*Vox Populi: Hier spricht das Geld* (Max Joseph)
2013	*Mach doch, was du willst* (Kulturaustausch)
2014	*Zum Tee mit Turgeniew* (FAZ)
2016	*Das schwere Los junger Europäer* (Cicero)
2016	*Wie das deutsche Schuldgefühl die europäische Ehre rettet* (FAZ)[8]
2016	*Raus aus der Komfortzone* (Göttinger Tageblatt)[9]
2018	*Bin ich eine Europäerin?* (Der Tagesspiegel)[10]

Preise und Auszeichnungen (in Auswahl)

2001	Preis des dänischen Kulturministeriums für *Nichts* als bestes Kinder- und Jugendbuch
2008	*Prix Libbylit* (Belgien) für *Nichts* als bestes Kinder- und Jugendbuch
2010	Aufnahme von *Nichts* in die Liste *Die schönsten deutschen Bücher* in der Kategorie „Kinderbücher und Jugendbücher" (Stiftung Buchkunst)
2010	*LUCHS-Preis des Monats August* für *Nichts*
2011	*Mildred. L. Batchelder Honor Award* (USA) für *Nichts*
2011	*Michael L. Printz Award for Excellence in Young Adult Literature* in der Kategorie „Honor Book" (USA) für *Nichts*
2011	Nominierung für den *Deutschen Jugendliteraturpreis* in der Kategorie „Preis der Jugendjury" für *Nichts*
2011	*Buch des Monats* in der Kategorie „Jugendbuch" für *Krieg. Stell dir vor, er wäre hier* von der Deutschen Akademie für Kinder- und Jugendliteratur

---

8 Teller 2016b.
9 Teller 2016a.
10 https://m.tagesspiegel.de/kultur/sharing-heritage-europaeisches-kulturerbejahr-2018-bin-ich-eine-europaeerin/22697666.html? (Stand April 2019).

2012	*Teskedsorden* (Schweden) für *Krieg*
2013	*Die besten 7 Bücher für junge Leser* vom Deutschlandfunk im November für *Alles – worum es geht*
2013	*Peter Pan-priset Silverstjärnorna* (Schweden) für *Krieg*
2014	*Drassows Legat* (Dänemark) für Literatur, die Frieden und gegenseitiges Verstehen fördert
2014	Nominierung für den „Deutschen Jugendliteraturpreis" in der Kategorie „Preis der Jugendjury" für *Alles – worum es geht*

Erläuterungen zu einzelnen Werken

Odins Insel (1999)	In einer kalten Winternacht kehrt der nordische Gott Odin in Gestalt eines halb erfrorenen alten Mannes nach Skandinavien zurück. Er berichtet, dass er Himmelsbotschaften habe überbringen müssen, als ihn ein Meteorsturm gezwungen habe, auf einer Insel notzulanden. Das Auftauchen des alten Mannes löst religiöse und politische Verwicklungen aus, die der Roman auf satirisch-kritische Weise zum Zwecke der Gesellschaftskritik schildert.
Krieg. Stell dir vor, er wäre hier (2004)	Essay, dessen Originalfassung im Jahr 2001 entstanden ist, und das von der Fiktion ausgeht, dass die Europäische Union zusammengebrochen ist und Krieg und Zerstörung den ehemals prosperierenden Staatenbund heimsuchen. Die Menschen fliehen in den Nahen Osten und hoffen darauf, dort Asyl zu erhalten. Teller geht es in ihrem Essay darum, ins Bewusstsein zu rufen, dass alle Menschen gleich geschaffen wurden und dass Humanität das ethische Band zwischen allen Menschen sein muss.
Die sieben Leben der Katze bzw. *Europa. Alles, was dir fehlt* (2004/2011)	Der aus Jamaika stammende Arzt Sem soll einen Bericht über Massenvergewaltigungen während der Balkankriege in den 1990er Jahren schreiben. Dabei erinnert er sich an die Bosnierin Zoja Maria, mit der er eine Beziehung hatte, die mit einer Abtreibung endete, wofür er sich nun rächen will. Der Roman thematisiert Krieg und Frieden und appelliert an die Menschlichkeit.

Komm (2008)	Als der Verleger eines Verlags in Kopenhagen gerade das neueste Manuskript eines Erfolgsautors in Druck geben will, erhält er von einer Frau die Nachricht, dass die im Buch erzählte Geschichte ihre eigene sei. Der Roman diskutiert die Frage nach Chancen und Grenzen von Kunst, ob und wenn ja welche Regeln für Kunst gelten, das Verhältnis von Kunst und Wirklichkeit und die Verantwortung von Künstler und Leser.
Alles – worum es geht (2013)	Sammlung von acht Kurzgeschichten, die der Adoleszenzliteratur zugeordnet werden können, in denen Janne Teller Themen wie Gewalt, Integration, kulturelle Identität und Behinderung behandelt.
Afrikanische Wege (2013)	Die Erzählung spielt in Kenia. Ein dänisches Ehepaar ist auf dem Weg zum Karen-Blixen-Museum, auf dem angeblich ein Fluch lastet, den die Frau bekämpfen soll. Die Frau hat zudem vor, sich von ihrem Mann zu trennen, da sie nach wie vor an ihrem ersten Mann hängt, der als afrikanischer Bürgerrechtler ermordet wurde.

3. TEXTANALYSE UND -INTERPRETATION

3.1 Entstehung und Quellen

ZUSAMMEN-FASSUNG

Der Sinn des Lebens als Thema und insbesondere der Nihilismus haben Teller schon immer interessiert. Den Anlass für den Roman *Nichts* gab eine Anfrage ihres Verlages, ob sie ein Jugendbuch schreiben wolle. Die ersten Sätze formulierte sie beim Radfahren. Das Schreiben fiel ihr leicht, weil sie auch eigene Kindheitserfahrungen in die Geschichte mit hineinfließen lassen konnte.

Da es keine Forschungsliteratur zu Janne Teller oder ihrem Roman *Nichts* gibt, ist man wie schon bei der Biografie auf die Informationen angewiesen, die sie selbst in Interviews gibt.

Anfrage ihres Verlages, ein Kinderbuch zu schreiben

Janne Tellers Wunsch, als Schriftstellerin leben zu können, bestimmte im Jahr 1995 ihren Entschluss, ihre bisherige Tätigkeit als politische Beraterin bei der EU und der UNO zu kündigen. Mit *Odins Insel* publizierte sie im Jahr 1999 ihren ersten Roman für Erwachsene. Nach der Veröffentlichung fragte sie ein Verleger, ob sie nicht auch ein Kinderbuch schreiben wolle, was sie zunächst ablehnte, da sie sich als Autorin für Erwachsene verstand.

Idee zum ersten Satz des Romans beim Radfahren

Janne Teller erzählt, dass sie auf ihrem Fahrrad durch Kopenhagen radelte und über die Anregung nachdachte, als ihr die Sätze einfielen: „Nichts bedeutet irgendetwas, das weiß ich seit Langem. Deshalb lohnt es sich nicht, irgendetwas zu tun. Das habe ich gerade herausgefunden.“[11] Mit diesem Satz und der Figur eines Jungen,

11 Vgl. Voigt 2010 (vgl. dazu auch den Auszug im Kapitel 5 auf S. 97 ff. dieser Erläuterung).

der aussteigt und sich weigert, sich weiterhin den gesellschaftlichen Regeln zu unterwerfen, war die Grundidee von *Nichts* gefunden.[12] Zum weiteren Schreibprozess sagt sie: „Und dann musste ich sehen, was sollte ich mit seinen Freunden machen. Das war ein logisches Gedankenexperiment: Was macht er? Was machen seine Freunde? Was finden sie? Wie soll es enden?"[13]

Obgleich sie das Manuskript schnell beendet hatte, schrieb sie es immer wieder um, dies sei ein Teil ihres Schreibprozesses: „Und dann hör ich irgendwann eine Stimme, so soll ich es schreiben. Dann fange ich von vorne an zu schreiben, und wenn ich es einmal geschrieben habe, dann schreibe ich es noch 300-mal um."[14]

Biografische Bezüge

Eigene Kindheitserfahrungen fließen in den Roman mit ein

Janne Teller schreibt das Buch in sehr kurzer Zeit nieder und verwendet dabei Erfahrungen aus der eigenen Kindheit. So wollte sie als Fünfjährige wissen, wo der Himmel endet, die Antwort, er ende hinter einer Mauer, habe ihre Neugier, aber auch ihre Furcht vor der Antwort nur noch mehr angestachelt. Der Bezug auf eigene Erfahrungen unterstützt den Schreibprozess: „Wahrscheinlich habe ich dieses Buch mein Leben lang in mir vorbereitet, deshalb fiel mir das Schreiben daran so leicht."[15]

Im Interview mit Susanne Gaschke äußert Janne Teller sich zur Bedeutung von *Nichts* vor dem Hintergrund ihrer eigenen Biografie. Sie bezeichnet es als „eigene Sinnsuche" und als „außergewöhnliche und sehr anstrengende Erfahrung":

---

12 Ebd.
13 Klaus; Bartsch [o. J.].
14 Ebd.
15 Voigt 2010.

Eigene Sinnsuche

„Aber ich habe mit dem Pierre Anthon in meinem Kopf Frieden geschlossen. Ich habe keine Angst mehr vor ihm, sondern bin ihm eher dankbar, dass er all die Fenster in meinem dunkel-gefährlich-verlockenden Existenzialistendachboden geöffnet hat. Es mag ja stimmen, dass das Leben keine höhere Bedeutung hat – wenn man die ganz große Perspektive betrachtet. Pierre Anthon hat mir die Augen dafür geöffnet, wie faszinierend und fantastisch das Leben ist – wenn wir es nicht erdrücken und ersticken mit Einschränkungen, die sich aus sinnlosen Konventionen ergeben.“[16]

Das Buch stößt somit Antworten auf Fragen an, die die Autorin zeit ihres Lebens mit sich herumgetragen hat. Das Infragestellen der Sinnhaftigkeit führt bei ihr zu der Erfahrung, dass das Leben faszinierend ist.

16 Gaschke 2010.

3.2 Inhaltsangabe

ZUSAMMENFASSUNG

Agnes, die Ich-Erzählerin, schildert acht Jahre zurückliegende Ereignisse, die sich zutragen, nachdem ihr Mitschüler Pierre Anthon auf einen Pflaumenbaum gestiegen ist und behauptet hat, dass nichts im Leben eine Bedeutung habe. Die Klasse 7 A unternimmt den Versuch, Pierre Anthon das Gegenteil zu beweisen. Das Geschehen gipfelt in der Ermordung Pierre Anthons.

Kapitel I
S. 7

Nichts bedeutet irgendetwas

Der Roman beginnt mit einem Motto, das in versifizierter, reimloser Form die Lebenseinstellung beschreibt, dass es nichts von Wert im Leben gebe und dass es sich daher auch nicht lohne, etwas zu tun.

Kapitel II
S. 8–12

Pierre Anthon steigt in den Pflaumenbaum

Die Ich-Erzählerin berichtet vom ersten Schultag der Klasse 7 A nach den Sommerferien. Die Schule befindet sich in dem dänischen Ort Tæring. Der Mitschüler Pierre Anthon verlässt an diesem Tag das Klassenzimmer mit der Bemerkung, dass er herausgefunden habe, dass nichts im Leben eine tiefere Bedeutung habe. Er zieht sich auf einen Pflaumenbaum zurück, weil er sein Leben an die Konsequenz dieser Erkenntnis anpassen will.

Die Ich-Erzählerin hat Angst vor ihm, sie stellt die These des Jungen infrage, da sie nicht in einer sinnlosen Welt leben möchte: „Aus uns sollte etwas werden, wir wollten jemand werden“ (S. 11).

Einige Mitschüler beschließen, Pierre Anthon davon zu überzeugen, dass es wertvolle Dinge im Leben gibt.

Kapitel III
S. 13–18

Mitschüler wollen auf Pierre Anthons „Ausstieg" reagieren

Acht Tage später kommt die Ich-Erzählerin mit einigen Mitschülern morgens ins Schulgebäude, das sie plötzlich hässlich findet, und es kommt ihr so vor, als würde die Schule das Leben repräsentieren. Die Schüler beschließen, auf das Verhalten von Pierre Anthon zu reagieren, und treffen sich nach dem Unterricht. In der Diskussion wird deutlich, dass alle den Wunsch haben, Pierre Anthon klarzumachen, dass seine These von der Sinnlosigkeit nicht zutreffe.

Zunächst wird überlegt, ob man ihn verprügeln solle (vgl. S. 16), dieser Plan wird von den Jungen aber mit dem Hinweis auf Pierre Anthons Stärke verworfen. Der fromme Kai schlägt ein Gebet vor, was aber genauso abgelehnt wird wie die Idee, sich über ihn beim Klassenlehrer, Herrn Eskildsen, oder dem Rektor zu beschweren. Der Beschwerde-Idee wird nicht zugestimmt, weil die Jugendlichen dann auch die These Pierre Anthons verraten müssten und befürchtet wird, dass die Erwachsenen versuchen würden, sie von der Sinnhaftigkeit des Lebens zu überzeugen. Am Ende beschließen sie, Pierre Anthon mit Steinen zu bewerfen.

Kapitel IV
S. 19–24

Steinwurf auf Pierre Anthon erzielt nicht gewünschten Erfolg

Früh am nächsten Morgen bewerfen die Schüler Pierre Anthon mit Steinen, der sie dennoch weiter provoziert und verspottet und ihnen vorrechnet, wie viel Zeit ihres Lebens sie sinnlos vergeuden. Aus der These, dass nichts eine Bedeutung habe, schließt er, dass es besser sei, nichts zu tun, als etwas zu tun. Schließlich wird Pierre

Anthon von Steinen verletzt und fällt vom Baum, sodass die anderen Schüler meinen, bereits gewonnen zu haben.

Zwei Tage nach dem Bewurf mit Steinen sitzt Pierre Anthon wieder im Baum und fährt mit der Verkündung seiner nihilistischen Ideen fort. Er fährt insbesondere Agnes, die Ich-Erzählerin, deren Name hier erstmals erwähnt wird (vgl. S. 20), an und stellt ihr in Aussicht, dass sie später einmal merken wird, dass sie nur in einem Spiel mitmache, in dem Äußerlichkeiten zählen, während in Wahrheit alles sinnlos sei (vgl. S. 23). Er fordert sie daher auf, das Nichts zu genießen (vgl. S. 24). Da die Schüler merken, dass ihre Aktion nicht den gewünschten Erfolg hat und Pierre Anthon nach wie vor im Pflaumenbaum sitzt, treffen sie sich erneut und beraten weitere Schritte. Sofie schlägt vor, Pierre Anthon zu beweisen, dass es Dinge im Leben gebe, die eine Bedeutung haben.

Sofie schlägt vor, Pierre Anton von der Bedeutung der Dinge zu überzeugen

Kapitel V
S. 25–30

Am Nachmittag des nächsten Tages begeben sich alle zu einem verlassenen Sägewerk etwas außerhalb der Stadt und beschließen, Dinge mit Bedeutung zu sammeln. Es werden gesammelt (vgl. S. 26 f.):

Sammlung von Dingen mit Bedeutung beginnt

- → alte Puppe mit abgebissenem Kopf (Elise)
- → altes Gesangbuch (Kai)
- → hellroter Perlmuttkamm (Marie-Ursula)
- → Beatles-Kassette ohne Ton (Jan-Johan)
- → Porzellanhunde, Fotografien, Spielzeug, Kleidungsstücke, Brautstraußrose (von Bürgern des Ortes)

Nach einigen Tagen des Sammelns stellen die Schüler fest, dass die bislang herbeigebrachten Dinge für keinen von ihnen von Bedeutung sind (vgl. S. 27); also beschließen sie, nun solche Dinge zu holen, die für sie tatsächlich einen Wert besitzen, und sie auf „den Berg“ (erstmals so bezeichnet auf S. 28) zu legen:

→ ***Dungeons & Dragons*-Bücher** (Dennis)
→ **Angelrute** (Sebastian)
→ **schwarzer Fußball** (Richard)
→ **afrikanische Papageienohrringe** (Laura)
→ **grüne Sandalen** (Agnes)

Persönliche Gegenstände formen den „Berg aus Bedeutung“

Der Widerstand, mit dem die Besitzer der Gegenstände auf die Forderung nach Herausgabe reagieren, beweist die Bedeutung, die diese für die jeweiligen Schüler haben. Da sie sie nicht freiwillig herausgegeben wollen, sondern erst auf den Vorschlag eines anderen Schülers hin bestimmt werden, entsteht innerhalb der Gruppe bereits in dieser Phase der Gedanke an Rache. Die Ich-Erzählerin will sich an Gerda dafür rächen, dass sie die Bedeutung der grünen Sandalen publik gemacht hat, was Agnes schließlich dazu zwingt, die Schuhe auf den „Berg aus Bedeutung“ (S. 30) zu legen.

Kapitel VI
S. 31–35

Agnes studiert Gerda drei Tage lang und stellt fest, dass der Hamster Klein Oskar wichtig für sie ist. Daher verlangt sie, dass Gerda den Hamster in das alte Sägewerk bringt. Gerda erfüllt diese Forderung nur widerstrebend und unter Tränen.

→ **Hamster Klein Oskar** (Gerda)

Kapitel VII
S. 36–40

Die Bedeutung der Dinge nimmt zu

Die Schüler fahnden nach Dingen, die für sie tatsächlich eine Bedeutung haben; die Trennung von diesen Gegenständen wird für die Jugendlichen zu einer immer größeren Herausforderung. Das

Die dänische Flagge weht von Sonnenaufgang bis Sonnenuntergang in Frederiks Garten, bis er sie für den „Berg aus Bedeutung" entwendet.

Teleskop steht für den Wunsch Maikes, Astrophysikerin zu werden, die dänische Flagge, die Frederik beisteuern muss, symbolisiert die Bedeutung einer Nation; ihr Hissen auf dem Berg aus Bedeutung wird daher durch das Absingen der Nationalhymne begleitet (vgl. S. 37). Frederik verlangt das Tagebuch von Dame Werner, dieser wiederum die Adoptionsurkunde der aus Korea stammenden Anna-Li. Am Ende des Kapitels hat die kleine Ingrid ihre neuen Krücken abzuliefern, Henrik muss die „Schlange in Formalin" (S. 40) bringen.

→ **Teleskop** (Maike)

→ **dänische Flagge** (Frederik)

→ **Tagebuch** (Dame Werner)
→ **Adoptionsurkunde** (Anna-Li)
→ **neue Krücken** (Ingrid)

Kapitel VIII
S. 41–43

Pierre Anthons These: Freundschaften seien bedeutungslos

Die Schlange in Formalin gehört zu den Attraktionen im Biologiesaal. Obgleich Henrik darauf verweist, dass sie nicht auf den Berg aus Bedeutung gehöre, muss er sie dennoch bringen, was ihm auch gelingt. In der Zwischenzeit provoziert Pierre Anthon die Ich-Erzählerin und ihre Freundin Marie-Ursula damit, dass Freundschaften keinen Wert besitzen, weil sie vergänglich seien.
→ **Schlange in Formalin** (Henrik)

Kapitel IX
S. 44–53

Pierre Anthons These: Schule und Arbeit seien bedeutungslos

Henrik bittet nach acht Tagen Überlegungszeit um Oles rote Boxhandschuhe. Der Diebstahl der Schlange führt dazu, dass die gesamte Klasse jeden Tag eine Stunde nachsitzen muss. Pierre Anthon provoziert mit der These, dass Schule und Arbeit keine Bedeutung hätten, da man auch ohne beide von Anfang an freihaben könne.

Ole verlangt von Elise, dass der Leichnam ihres Bruders, der mit zwei Jahren an einer Krankheit gestorben ist, aus dem Grab geholt und auf den Berg aus Bedeutung gelegt wird. Elise wehrt sich mit dem Hinweis auf moralische Grundsätze, der fromme Kai verweist auf die Störung der Totenruhe, die Gottes Strafe nach sich ziehen würde. Da sich niemand freiwillig für das Team meldet, das den Leichnam vom Friedhof holt, beschließen die Schüler, am nächsten Tag Karten zu ziehen. Die Ich-Erzählerin manipuliert das Kartenspiel, da sie nicht dabei sein möchte, wenn Elises Bruder geholt wird. Da die Reihenfolge der Karten aber festgelegt wird, nutzt die

Manipulation nichts und Agnes wird zusammen mit Ole, Elise, Jan-Johan, Richard und Kai ausgewählt. Man verabredet sich auf 23 Uhr in Richards Fahrradschuppen.
→ **rote Boxhandschuhe** (Ole)

Kapitel X
S. 54–63

Elises Bruder wird auf dem Friedhof ausgegraben

Das Kapitel wird bestimmt von dem Erlebnisbericht der Ich-Erzählerin, die nachts mit ihren Mitschülern auf den Friedhof schleicht, um den Leichnam von Elises Bruder aus dem Grab zu holen. Agnes muss Wache stehen und hat Angst. Nicht identifizierbare Geräusche entpuppen sich später als die Schritte der Hündin Aschenputtel: Nach dem Tod ihres Herrchens Sørensen lebt sie auf dessen Grab und begleitet die Schüler am Ende zum alten Sägewerk. Nachdem der Sarg aus dem Grab genommen worden ist, bemerken die Schüler, dass die Erde nicht mehr ausreicht, um das gesamte Grab zu füllen; daher werfen sie noch zwei Grabsteine in das Grab und versuchen das Grab schließlich so herzurichten, dass kein Verdacht entsteht.
→ **Leichnam von Emil, Elises Bruder** (Elise)

Kapitel XI
S. 64–68

Die Verwüstungen auf dem Friedhof sind das Stadtgespräch der nächsten Tage, die Schüler werden aber nicht verdächtigt. Elise kümmert sich um Aschenputtel, die nun nicht von der Seite des Sargs von Elises Bruder weicht. Von Marie-Ursula verlangt Elise deren Haare. Hussein reagiert mit einem Lachen auf diese Forderung und verlangt, die Haare abschneiden zu dürfen; er und Elise schneiden ihr schließlich die sechs blauen Zöpfe ab. Marie-Ursula weint dabei, auch die Ich-Erzählerin ist traurig, da die Haare zu dem

Mädchen gehören („Ohne die Haare würde Marie-Ursula nicht mehr Marie-Ursula mit den sechs blauen Zöpfen sein“, S. 67). Am Ende des Kapitels fordert Marie-Ursula mit unterdrücktem Zorn Hussein Gebetsteppich.

→ **sechs blaue Zöpfe** (Marie-Ursula)

Kapitel XII
S. 69–71

Mit Hilfe von Gewalt werden Gegenstände eingefordert

Hussein weigert sich, seinen Gebetsteppich abzugeben, erst nachdem er von Ole und Hans verprügelt worden ist, willigt er ein. Nach der Abgabe des Teppichs wird er von seinem Vater verprügelt, da dieser meint, Hussein sei kein guter Moslem; dieser Vorwurf belastet den Jungen („Hussein wirkte vernichtet“, S. 69), er wehrt sich nicht mehr, wenn er öffentlich angegriffen wird. Hussein verlangt von Hans das neongelbe Fahrrad. Sofie besteht am stärksten darauf, dass Hans das Rad auf den Berg aus Bedeutung bringen solle.

→ **Gebetsteppich** (Hussein)

→ **neongelbes Fahrrad** (Hans)

Kapitel XIII
S. 72–75

Sofies Entjungferung als einzige nicht gegenständliche Bedeutung

Hans verlangt, dass Sofie ihre Unschuld abliefere. Dies solle am nächsten Abend im Sägewerk geschehen, der große Hans will ihr dabei helfen, vier weitere Jungen greifen ein, wenn es notwendig würde. Die Ich-Erzählerin ist an dem Abend nicht im Sägewerk, Sofie will auf Nachfrage auch nicht erzählen, was passiert ist. Als Beweis für den Verlust der Jungfräulichkeit wird ein blutbeflecktes Taschentuch präsentiert.

Sofie erscheint nach dem Ereignis verändert: Sie wirkt kalt und unnahbar, aber auch wie jemand, der ein Geheimnis entdeckt hat (vgl. S. 75). Sie verlangt vom frommen Kai, dass dieser eine Skulptur abliefern solle, die den gekreuzigten Jesus darstellt und in der Kirche aufbewahrt wird.

→ **Sofies Unschuld** (Sofie)

Kapitel XIV
S. 76–83

Das Team, das die Skulptur aus der Kirche von Tæring rauben soll, wird wieder per Kartenentscheid gelost, es besteht aus Marie-Ursula, Jan-Johan, Richard, Maike und Kai. Kai wird damit beruhigt, dass er immer in das Sägewerk kommen und zu Jesus beten könne.

Die Jesus-Skulptur wird aus der Kirche entwendet

Am Tag des geplanten Raubes versteckt sich Kai nach dem Gottesdienst in der Kirche und verschafft den anderen Teammitgliedern den Eintritt in das Gotteshaus. Als es zum Raub kommt, beginnt Kai zu weinen und lässt sich auch durch die anderen nicht beruhigen.

Die Ich-Erzählerin, die den Bericht von Marie-Ursula wiedergibt, beschreibt, dass es während des Raubes zu unheimlichen Geschehnissen gekommen sei: Marie-Ursula habe das Gefühl gehabt, ihre Hand verbrenne, als sie sie auf den Fuß Jesu gelegt habe; Jesus sei wie von Geisterhand bewegt an der Wand heruntergeglitten, obgleich man zuvor vergeblich versucht habe, ihn mit Gewalt von der Wand zu holen; die Figur sei so schwer gewesen, dass alle hätten tragen helfen müssen. Die Skulptur trifft im Sägewerk mit zwei abgebrochenen Beinen ein. Als sie versuchen, sie auf den Berg aus Bedeutung zu heben, beginnt die Hündin laut zu bellen. Da sie sich nicht beruhigen lässt, müssen sie mit Aschenputtel zunächst nach draußen gehen, bevor sie die Figur an den vorgesehenen Platz bringen können. Als die Hündin wieder in das Sägewerk kommt, uriniert sie an die Jesus-Figur. Dieses Verhalten erheitert die Jugendlichen und der Abend klingt in ausgelassener Stimmung aus.

→ **Jesus am Kreuz** (Kai)

Kapitel XV
S. 84–87

Ein Lebewesen wird getötet

Kai verlangt den Kopf der Hündin Aschenputtel, da sie die Figur Jesu eine ganze Woche lang als Ort für die Verrichtung ihrer Notdurft genutzt hat. Auf den Einwand, dass der Tod der Hündin für niemanden eine Bedeutung hätte, entgegnet Kai, dass Rosa Aschenputtel töten solle, da eine solche Tat für sie die größte Überwindung bedeute. Jan-Johan entwendet ein Schlachtermesser aus dem Geschäft seines Vaters. An einem Herbsttag schneidet Rosa der Hündin den Kopf ab und legt ihn ganz oben auf den Berg aus Bedeutung. Für die Tat hat sie das Licht gelöscht, um das Blut nicht sehen zu müssen; als sie es dann im Beisein der anderen wahrnimmt, fällt sie in Ohnmacht. Jan-Johan bemerkt nach der Tat erstaunt und lachend, dass in der hübschen Rosa wohl ein Schlachter stecke.

→ **Kopf der Hündin Aschenputtel** (Rosa)

Kapitel XVI
S. 88–90

Diskussion über Grenzen von Forderungen

Rosa fordert Jan-Johans rechten Zeigefinger, die Gruppe diskutiert erneut, ob es eine Grenze für Forderungen geben dürfe. Da aber der Zeigefinger unstrittig eine große Bedeutung für den Musiker Jan-Johan hat, fällt er in die Kategorie der möglichen Forderungen. Sofie erklärt sich bereit, den Finger abzuschneiden. Die Ich-Erzählerin vergleicht in Gedanken das Abliefern des Fingers mit dem Verlust von Sofies Unschuld und hegt den Verdacht, dass Sofie und nicht Rosa den Hund getötet hat.

Trotz des Widerstands von Jan-Johan verständigt sich die Gruppe darauf, dass er den Finger abgeben muss, die Tat wird für den kommenden Samstag geplant. Sonntags soll dann Pierre Anthon zum Berg aus Bedeutung gebracht werden.

Kapitel XVII
S. 91–98

Am Freitag, dem 14. Dezember, räumen die Schüler das Sägewerk auf und stellen dabei fest, dass die verwesenden Gegenstände unangenehme Gerüche absondern. Die Ich-Erzählerin äußert ihren Wunsch, dass der Berg aus Bedeutung und damit das ganze Thema „Bedeutung" nun schnell zu einem Ende gebracht werden, zumal es auch nicht mehr so viel Spaß mache wie am Anfang vier Monate zuvor.

Höhepunkt und Ende der Sammlung ist Jan-Johans Finger

Jan-Johan weigert sich nach wie vor, seinen Zeigefinger zu opfern, und droht damit, die Gruppe zu verraten. Die Jugendlichen kündigen ihm weitere Prügel an, Sofie stellt ihm den Verlust der ganzen Hand in Aussicht. Am nächsten Tag erscheint Jan-Johan und wehrt sich intensiv gegen die drohende Amputation. Er wird schließlich von Ole, Hans, Richard und Kai zu Sofie gebracht. Allen Schülern wird durch den Widerstand bewusst, dass der Finger eine große Bedeutung für Jan-Johan hat; aus diesem Grund zwingen sie Jan-Johan dazu, ihn abzugeben, genauso wie alle anderen einen Gegenstand von Bedeutung beigesteuert haben. Unter lautem Geschrei des Jungen trennt Sofie den Zeigefinger mit einem Messer ab. Jan-Johan wird schließlich von Kai nach Hause gebracht.

→ **rechter Zeigefinger** (Jan-Johan)

Kapitel XVIII
S. 99–108

Die Erwachsenenwelt entdeckt den Berg im Sägewerk und begreift nichts

Am selben Nachmittag trifft die Polizei im alten Sägewerk ein, da Jan-Johan zu Hause von dem Vorfall berichtet hat. Alle 20 Schüler werden im Sägewerk aufgegriffen. Die Polizei berichtet in einem Brief an die Eltern darüber, was sie vorgefunden hat. Alle Schüler werden bestraft, manche erhalten Hausarrest, andere Prügel. Auch der Klassenlehrer stellt die Schüler zur Rede, doch während Henrik,

Aufräumen im Sägewerk vor dem großen Finale: Fenster werden geputzt, zerbrochene Scheiben herausgeschlagen.

Kai und Frederik um Verzeihung bitten, bleiben die anderen still. Auf die Frage des Klassenlehrers nach dem Sinn der Taten antwortet nur Sofie mit dem Hinweis, dass sie die „Bedeutung“ (S. 101) gefunden hätten, die sie in der Schule nicht gelernt hätten.

In der Pause diskutiert die Gruppe das weitere Vorgehen: Der Vorschlag, die wahre Geschichte zu erzählen und die Sachen zurückzugeben, wird abgelehnt. Sofie überzeugt die anderen davon, dass ein Aufgeben zum jetzigen Zeitpunkt alles zunichtemachen würde, da man damit Pierre Anthons These von der Bedeutungslosigkeit recht geben würde.

Die Schüler wollen den Plan nach wie vor zu Ende führen: Um Pierre Anthon für den Berg aus Bedeutung zu interessieren und ihn ins Sägewerk zu locken, wird vereinbart, dass die Ich-Erzählerin die Zeitung über den Vorfall informiert und dabei besonders ihren Ärger über die geschändete Jesus-Figur zum Ausdruck bringt.

Der Sinn des Berges wird von Agnes einer Zeitung mitgeteilt

Agnes ruft unter falschem Namen (sie wählt den Namen der Pastorenfrau) bei der Zeitung an und erzählt dem Chefredakteur von dem Berg aus Bedeutung und den vielen Gegenständen, die gesammelt worden sind. In der Zeitung erscheint am 30. Dezember ein Artikel, in dem von dem Berg aus Bedeutung die Rede ist, für dessen Entstehung eine der Abschlussklassen verantwortlich gemacht wird. Sofie ist mittlerweile die Anführerin und erteilt den Befehl, dass alle nur sagen dürfen, sie hätten die Bedeutung gefunden.

Kapitel XIX
S. 109–112

Nach dem Bericht in der lokalen Presse werden auch überregionale und internationale Medien auf den Berg aus Bedeutung aufmerksam. Es entwickelt sich ein Disput darüber, ob es sich um Kunst handele oder um einen Streich schlecht erzogener Kinder.

Pierre Anthon ist am Berg aus Bedeutung nicht interessiert

Obgleich die öffentliche überregionale Diskussion die Reputation der Schüler im Ort verbessert, will Pierre Anthon nichts von einem Besuch des Berges wissen. Er ist nach wie vor der Ansicht, dass es nichts gebe, was von Bedeutung sei.

Die Aufmerksamkeit der internationalen Presse, die bis in den März 1993 hinein dauert, führt dazu, dass auch die Anerkennung für die Jugendlichen wächst, sie erlangen Berühmtheit.

Kapitel XX
S. 113–117

Die Schüler glauben, die Bedeutung gerettet zu haben

Die Schüler werden in eine amerikanische Fernsehshow eingeladen, die Reise wird von den Eltern allerdings nicht erlaubt. Gleichwohl bestärkt diese Einladung das Gefühl der Schüler, eine Bedeutung zu haben. Dieses Gefühl wird von Pierre Anthon infrage gestellt, der bezweifelt, dass die Fernsehshow nach Tæring kommen werde. In der Ich-Erzählerin macht sich Misstrauen im Hinblick auf den momentanen Ruhm breit; wenn Bedeutung nur einen relativen Wert habe, wie z. B. die öffentliche Aufmerksamkeit, dann sei sie bedeutungslos.

Kapitel XXI
S. 118–121

Der Berg aus Bedeutung wird als Kunstobjekt verkauft

Ein großes Museum in New York möchte den Berg aus Bedeutung für dreieinhalb Millionen Dollar kaufen, man vereinbart schließlich einen Kaufpreis von 3.620.000 Dollar, das Museum will den Berg am 8. April abholen lassen. Mit dem Verschwinden der internationalen und nationalen Aufmerksamkeit stellt sich den Schülern die Frage, ob die mit dem Ruhm verbundene Bedeutung nun ebenfalls verschwunden sei. Pierre Anthon weist darauf hin, dass wirkliche Bedeutung konstant wäre, hätten sie somit die Bedeutung gefunden, wären auch die Medien noch im Ort; da aber ohnehin nichts von Bedeutung sei, hätten sie die Bedeutung natürlich auch nicht gefunden. Die Gruppe zweifelt daran, ob sie ihr Ziel erreicht hat; nur Sofie ermuntert die anderen, Pierre Anthon nicht recht zu geben.

Kapitel XXII
S. 122–125

Pierre Anthon desillusioniert die Schüler

Die Ich-Erzählerin beschreibt in diesem Kapitel, das auf den 1. April 1993 (vgl. S. 125), eine Woche vor der Abholung des Bergs durch das Museum, datiert werden kann, wie sich die These von der Bedeutungslosigkeit in der Wahrnehmung der Schüler festgesetzt hat, sodass alle bis auf Sofie dazu neigen, Pierre Anthon recht zu geben. Sofie wehrt sich nach wie vor und ist davon überzeugt, dass der Mensch die Zukunft nach seinen Vorstellungen gestalten könne (vgl. S. 124). Erst als Pierre Anthon bemerkt, dass der Berg aus Bedeutung wohl doch nicht die vermutete Bedeutung gehabt habe, da er sonst nicht verkauft worden wäre, verstummt Sofie und bekommt Tränen in die Augen. Die Ich-Erzählerin weist voraus, dass Sofie nicht aufgeben, sondern den Verstand verlieren werde.

Kapitel XXIII
S. 126–133

Eskalation von Gewalt unter den Schülern

Am Tag vor der Abholung kommt es zu einer gewalttätigen Auseinandersetzung zwischen den Jugendlichen. Sofie betont, dass der Berg mit dem Verkauf seine Bedeutung verloren habe, denn er hätte nicht verkauft werden dürfen, wenn er tatsächlich bedeutsame Gegenstände enthielte. Durch den Verkauf habe Pierre Anthon schließlich gewonnen. Zunächst versuchen die anderen noch, die schreiende Sofie zu beruhigen; am Ende prügelt aber jeder auf den anderen ein und denkt dabei an die Gegenstände, die er hat opfern müssen und wer sie eingefordert hat. Agnes holt schließlich Pierre Anthon, der jedem Einzelnen in der Gruppe aufzählt, welche Bedeutung er verkauft habe.

Kapitel XXIV
S. 134–135

Projizierung der Schuld auf Pierre Anthon

Die Wut der Jugendlichen richtet sich nun auf Pierre Anthon, dem man die Schuld daran gibt, dass man auf der Sinnsuche gescheitert sei. Die Schüler prügeln auf ihn ein und lassen den leblosen Körper schließlich im Sägewerk zurück, das in derselben Nacht bis auf die Grundmauern abbrennt.

Kapitel XXV
S. 136–139

Verlust ist auch Gewinn

Die Polizei vermutet, dass Pierre Anthon aus verletzter Eitelkeit den Berg aus Bedeutung in Brand gesteckt habe und dabei selbst umgekommen sei. Nach der Beerdigung treffen sich die Schüler nochmals beim Sägewerk, sie sammeln die Asche ein und füllen sie in Behältnisse. Die Ich-Erzählerin stellt fest, dass sie durch den Verlust des Berges auch etwas gewonnen haben, das sie aber noch nicht benennen können.

Kapitel XXVI
S. 140

Bedeutung hat Bestand

Im letzten Kapitel erzählt Agnes, dass sie in jenem Sommer alle auf weiterführende Schulen aufgeteilt worden seien, während man Sofie in die Psychiatrie eingewiesen habe. Außer durch Zufall habe man sich seit acht Jahren nicht mehr getroffen. Beim Anblick der Schachtel mit der eingesammelten Asche aus dem alten Sägewerk spürt die Ich-Erzählerin, dass diese Asche eine Bedeutung hat. In ihrem Schlusssatz spricht sie Pierre Anthon direkt an und appelliert an ihn, die Frage nach dem Sinn nicht auf die leichte Schulter zu nehmen.

3.3 Aufbau

ZUSAMMEN-FASSUNG

Die Geschichte wird im Jahr 2000 mit einem Abstand von acht Jahren (vgl. S. 140) von Agnes, der Ich-Erzählerin, vorgetragen. Die Handlung der rückblickend erzählten Ereignisse erstreckt sich über rund ein Jahr, sie beginnt im August 1992 am ersten Schultag nach den Sommerferien und sie endet knapp ein Jahr später im April 1993.

Der Roman spielt in dem fiktiven Tæring in Dänemark in der Gegenwart. Janne Teller äußerst sich zur Wahl des Ortes in einem Interview mit der Wochenzeitung *Die Zeit* und führt aus, dass der Name des Ortes darauf hinweisen soll, dass er keine Seele habe und die Bewohner langsam aufzehre:

Dän. „tæring": Rost, Korrosion

> „Tæring ist natürlich reine Erfindung. Ich stelle es mir vor als den Außenposten einer kleinen Provinzstadt in Westjütland. Ich sage Außenposten und nicht Vorort, weil ich an den Übergang zwischen Stadt und Land denke. Es gibt keinen Ortskern, keinen Dorfplatz. Der Außenposten hat kein Herz. Außerdem bedeutet Tæring auf Deutsch ‚rosten, korrodieren'. Der Ort zehrt seine Einwohner langsam auf, lässt sie vergehen, eben weil er keine Seele hat. Aber natürlich könnte die Geschichte fast überall passieren."[17]

17 Gaschke 2010.

Die narrative Handlungsstruktur

Aufbau folgt der klassischen Dramenstruktur

Die narrative Handlungsstruktur folgt dem dramaturgischen Vorbild der klassischen Dramenstruktur: Die Provokation Pierre Anthons stellt eine **Exposition** mit dem beherrschenden thematischen Konflikt dar (vgl. S. 8 ff.), die sich über fast den gesamten Text hinziehende Sammlung der Gegenstände für den stetig wachsenden Berg aus Bedeutung (vgl. S. 26 ff.) lässt sich als **Steigerung** bezeichnen. Der Verrat durch Jan-Johan (vgl. S. 99) stellt die **Peripetie** dar, es wird die Erwartung geweckt, dass der Konflikt nun durch das Eingreifen der Erwachsenen kontrolliert wird. Folgerichtig kommt es zur Bestrafung der Schüler und zur Schließung des Sägewerks (vgl. S. 99 ff.). Dass diese Phase erzähltechnisch als **Retardation**, als Hinauszögern der eigentlichen Katastrophe verstanden werden muss, wird erkennbar, als das erwachende Medieninteresse und der Verkauf des Bergs aus Bedeutung die Auseinandersetzungen zwischen den Schülern verschärfen. Es kommt schließlich zur **Katastrophe**: Die angestauten Aggressionen entladen sich (S. 134 f.), Pierre Anthon wird gemeinschaftlich zu Tode geprügelt, das Sägewerk wird zerstört. In einem **Epilog** kommentiert die Ich-Erzählerin das Geschehen aus der Distanz von acht Jahren (vgl. S. 140).

Das Zeitgefüge

Für die Rekonstruktion des Zeitgefüges können Angaben aus dem Roman genutzt werden (vgl. Tabelle S. 41 ff.). Die Lebensdaten von Elises verstorbenem Bruder, Emil Jensen, werden mit 03. 01. 1990–21. 02. 1992 angegeben (vgl. S. 56). Auf S. 46 ist davon die Rede, dass Emil ein halbes Jahr vor der Erzählgegenwart des Rückblicks verstorben sei. Mithin lässt sich der Roman auf das Jahr 1992 datieren, die Ereignisse tragen sich zwischen Schulbeginn am 03. August 1992 und dem 07. April 1993, dem Tag der Ermordung Pierre Anthons, zu. Die Ich-Erzählerin erzählt aus einer Distanz von acht

DIE NARRATIVE HANDLUNGSSTRUKTUR DES ROMANS

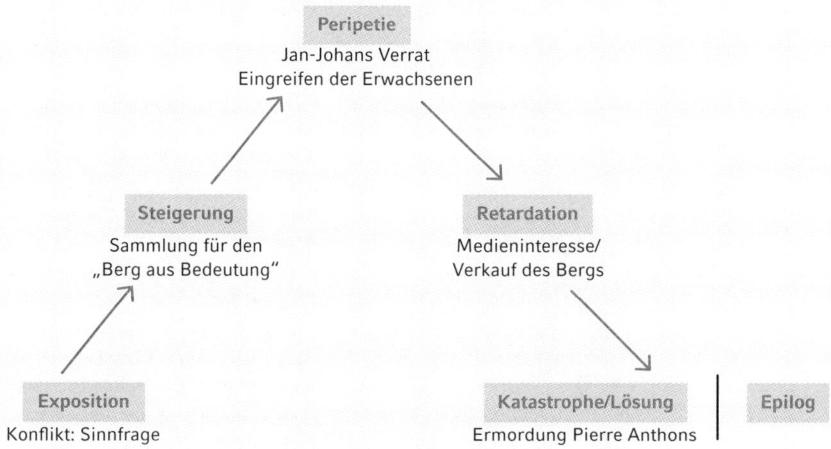

Jahren (vgl. S. 140), das heißt, sie befindet sich zum Zeitpunkt des Erzählens im Jahr 2000.

Die zeitliche Struktur der Erzählhandlung

SEITE	ZEIT	EREIGNIS
↓ **Narrative Struktur: Exposition** (mit Konflikt) ↓		
8	zweite Augustwoche (Montag, 03. 08. 1992)	Schulbeginn, Pierre Anthons „Ausstieg"
↓ **Narrative Struktur: Steigerung** (Sammlung für den Berg aus Bedeutung) ↓		
13	acht Tage nach Beginn des neuen Schuljahres (Dienstag, 11. 08. 1992)	Diskussion darüber, wie Schüler auf Pierre Anthons „Ausstieg" reagieren sollen

SEITE	ZEIT	EREIGNIS
19 f.	früh am Morgen (Mittwoch, 12. 08. 1992)	Schüler bewerfen Pierre Anthon mit Steinen, er fällt hinunter
22	am nächsten Morgen (Donnerstag, 13. 08. 1992)	Pflaumenbaum ohne Pierre Anthon
23 f.	zwei Tage nach dem Steinwurf (Freitag, 14. 08. 1992)	Pierre Anthon wieder auf dem Pflaumenbaum, Sofie mit Idee, ihm zu beweisen, dass es etwas mit Bedeutung gibt
26	nächster Nachmittag (Samstag, 15. 08. 1992)	Beginn: Gegenstände mit Bedeutung werden gesammelt
32	vier Tage später (Mittwoch, 19. 08. 1992)	Agnes verlangt Gerdas Hamster für den Berg aus Bedeutung
37 ff.	18 Tage nach Schulbeginn (Freitag, 21. 08. 1992)	Teil des Berges wird der Dannebrog, dann Dame Werners Tagebuch, Anna-Lis Adoptionsurkunde, Ingrids Krücken
41	einige Tage später (Anfang September)	Henriks stiehlt Schlange in Formalin aus Biologieraum, Oles Boxhandschuhe
44	nachmittags, acht Tage nach dem Schlangen-Diebstahl	Ole verlangt Elises kleinen Bruder
49, 53	nächster Tag nachmittags, dann nachts um 23 Uhr	Karten-Ziehen zur Bestimmung derjenigen, die den Sarg ausgraben; nachts: Ausgraben des Sargs (S. 54–63)
64	am selben Nachmittag	Elise verlangt Marie-Ursulas Haare, Marie-Ursula verlangt Husseins Gebetsteppich
69	eine Woche später (Mitte September)	Hussein kommt in die Schule zurück, nachdem er von seinem Vater verprügelt worden war und im Krankenhaus lag
70	Anfang Oktober 1992	Hussein verlangt das Rennrad von Hans

SEITE	ZEIT	EREIGNIS
71	zwei Tage später	Hans stellt sein Rennrad auf den Berg aus Bedeutung und verlangt Sofies Unschuld
72	am Tag darauf, abends	Sofie verliert Unschuld
74	am nächsten Tag	Reaktionen von Hans, Sofie und Agnes, Sofie verlangt von Kai den „Jesus am Kreuz“ (vgl. S. 75)
77	am nächsten Sonntag	Raub der Skulptur aus der Kirche
84	fünf Tage später	Kai fordert den Kopf des Hundes Aschenputtel
88	Dienstagnachmittag (11. 12. 1992)	Rosa fordert Jan-Johans rechten Zeigefinger
91	Freitagnachmittag (14. 12. 1992)[18]	Schüler räumen das alte Sägewerk auf
97	Samstagnachmittag (15. 12. 1992)	Sofie trennt Jan-Johans Finger ab
↓ **Narrative Struktur: Peripetie** (Jan-Johans Verrat, Eingriff der Erwachsenen) ↓		
99	Samstagabend (15. 12. 1992)	Polizei im Sägewerk, Beteiligte werden bestraft
↓ **Narrative Struktur: Retardation** (Medieninteresse/Verkauf des Bergs) ↓		
104	Montag (17. 12. 1992)	Idee, bei der Zeitung anzurufen, um auf den Berg aus Bedeutung aufmerksam zu machen
105	Mittwoch (19. 12. 1992)	Agnes ruft bei der Zeitung *Tæring Tirsdag* an
107	Mittwoch (30. 12. 1992)	*Tæring Tirsdag* berichtet über den Berg aus Bedeutung

---

18 Die Angaben im Roman stimmen hier nicht mit der Realität überein. Das Bezugsdatum, 14. 12. 1992 (vgl. S. 91), ist im Roman ein Freitag, in Wirklichkeit war der 14. 12. 1992 aber ein Montag.

SEITE	ZEIT	EREIGNIS
107	Montag (04. 01. 1993)	Schulbeginn nach Weihnachtspause
111	Januar bis März 1993	Welt-Presse interessiert sich für Berg aus Bedeutung
118 f.	März 1993	Angebot eines amerikanischen Museums
↓ **Narrative Struktur: Katastrophe** (Ermordung Pierre Anthons) ↓		
134 f.	07. 04. 1993	Ermordung Pierre Anthons, Zerstörung des Sägewerks (einen Tag vor dem geplanten Verkauf des Berges)
138	Monate später	Einsammeln der Asche in individuelle Behältnisse
↓ **Narrative Struktur: Epilog** ↓		
140	acht Jahre später	Ende des Rückblicks, Zusammenfassung/Lehre

3.4 Personenkonstellation und Charakteristiken

ZUSAMMENFASSUNG

Die Hauptpersonen sind

Agnes:

- → Ich-Erzählerin, schildert Ereignisse, die acht Jahre zurückliegen (vgl. S. 140)
- → sieht ihre eigenen Lebensentwürfe durch Pierre Anthon infrage gestellt (vgl. S. 23)
- → ängstlich und zurückhaltend, selbstreflektiert (vgl. S. 47 f., S. 54 ff.)

Pierre Anthon:

- → stärkster Schüler der Klasse 7 A (vgl. S. 24), wohnt mit seinem Vater in einer Kommune auf einem ehemaligen Bauernhof (vgl. S. 10)
- → sitzt eines Tages auf einem Pflaumenbaum im Vorgarten und provoziert mit nihilistischen Aussagen (vgl. S. 11)
- → wird am Ende von der ganzen Klasse zu Tode geprügelt (vgl. S. 138 f.)

Sofie:

- → Sofie und Pierre Anthon waren für zwei Wochen ein Paar (vgl. S. 43)
- → hat die Idee mit dem „Berg aus Bedeutung“ (vgl. S. 24)
- → verliert ihre Unschuld und verändert sich danach, wirkt kalt und unnachgiebig (vgl. S. 101), verliert den Verstand und wird schließlich in die Psychiatrie eingewiesen (vgl. S. 140)

Jan-Johan:
→ ist der Anführer der Klasse, physisch überlegen, spielt Gitarre und will Musiker werden (vgl. S. 88)
→ kann den Verlust seines Zeigefingers nicht abwenden, reagiert mit Angst und Panik (vgl. S. 91–98)
→ verrät die Gruppe (vgl. S. 99)

Personenkonstellation

Neben Agnes, Pierre Anthon, Sofie und Jan-Johan als Hauptfiguren treten die restlichen Schüler der Klasse 7 A als Nebenpersonen auf: Henrik, Marie-Ursula, Gerda, Elise, Dennis, Ingrid, Kai, Ole, Sebastian, Richard, Laura, Maike, Rosa, Anna-Li, Frederik, Hans, Hussein, Dame Werner. Alle Figuren der Erwachsenenwelt (Vater von Pierre Anthon, Vater von Hussein, Klassenlehrer Herr Eskildsen, Journalisten) spielen eine Nebenrolle.

Erwachsenenwelt als dystopischer Gegenentwurf zur Schülerwelt

Die Personenkonstellation in der Schülergruppe ist maßgeblich durch die Willkür geprägt, die die Auswahl der bedeutungsvollen Gegenstände betrifft. Die Festsetzung des abzugebenden Beitrags für den Berg aus Bedeutung baut die Spannungen innerhalb der Schülergruppe immer mehr auf. Sie entlädt sich am Schluss in einer Massenschlägerei, bei der die jeweiligen Opfer auf diejenigen einschlagen, die jeweils die Gegenstände gefordert haben. Die jeweiligen Zuordnungen kann man dem Schaubild S. 47 entnehmen. Auslöser und permanenter Provokateur ist Pierre Anthon, der außerhalb der Schülergruppe steht. Die Erwachsenen spielen als dystopischer Gegenentwurf eine Rolle, außerdem sind sie ein wirkungsloses Korrektiv.

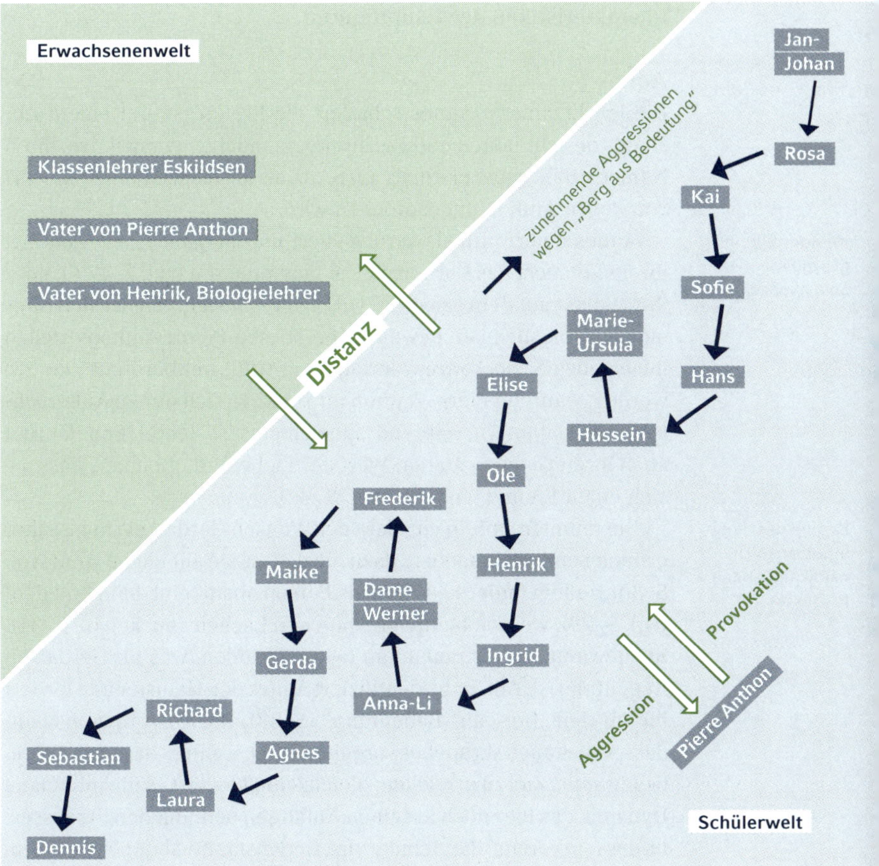
Erwachsenenwelt
Klassenlehrer Eskildsen
Vater von Pierre Anthon
Vater von Henrik, Biologielehrer
Distanz
zunehmende Aggressionen
wegen „Berg aus Bedeutung"
Jan-Johan
Rosa
Kai
Sofie
Hans
Hussein
Marie-Ursula
Elise
Ole
Henrik
Ingrid
Anna-Li
Dame Werner
Frederik
Maike
Gerda
Agnes
Laura
Richard
Sebastian
Dennis
Provokation
Aggression
Pierre Anthon
Schülerwelt

Charakteristiken der Hauptfiguren

Agnes

Die Ich-Erzählerin Agnes schildert die Ereignisse mit einem Abstand von acht Jahren und aus ihrer persönlichen Perspektive. Ihren Namen erfährt man erstmals auf S. 20, als sie nach einem Steinwurf von Pierre Anthon angesprochen wird.

Infragestellung des eigenen Selbstkonzepts

Agnes agiert oftmals verunsichert und ängstlich, wie man bei ihrem Versuch, das Kartenspiel zu manipulieren (vgl. S. 47 f.), oder ihrer Angst auf dem Friedhof (vgl. S. 54–63) sieht. Sie ist sich ihrer eigenen Ängstlichkeit bewusst. Die Thesen Pierre Anthons stellen ihr eigenes Selbstkonzept infrage, sie will „weltberühmt" (S. 23) werden, während Pierre Anthon ihr vorwirft, sich nur an Äußerlichkeiten zu klammern, während „innen nichts ist" (ebd.). Er gefährdet auch ihren Glauben an den Wert der Liebe und offenbart, dass sie sich einen Freund wünscht (vgl. S. 42).

Beginn des einer inhumanen Dynamik folgenden Prozesses

Sie räumt freimütig ein, dass der Wunsch Gerdas, sie müsse ihre grünen Sandalen abgeben, dazu führt, dass sie auf Rache sinnt (vgl. S. 30), zudem findet sie Gerda als Person abstoßend, blöd und doof (vgl. S. 29), weil sie beim Sprechen und Lachen spuckt (vgl. S. 31). Sie gewinnt ihr Vertrauen, um herauszufinden, was für Gerda von Bedeutung ist. Am Ende identifiziert Agnes den Hamster und fordert ihn für den „Berg aus Bedeutung" (S. 33). Dieses Vorgehen zeigt, dass Agnes auch skrupellos vorgehen kann, wenn es darum geht, ein bestimmtes Ziel zu erreichen; gleichzeitig beweist es die inhumane Dynamik des hier noch in seinen Anfängen befindlichen Prozesses, in dessen Verlauf die Schüler die Gegenstände abgeben müssen, die für sie die größte Bedeutung haben.

Gewalt ist für Agnes ein nicht infrage gestelltes „Erziehungsmittel": Dies wird deutlich, wenn sie den Jungen in der Klasse die Aufgabe zuerkennt, für Ordnung zu sorgen: Hussein, der seinen

Gebetsteppich nicht abgeben will, „machte so viel Ärger" (S. 69), dass Ole und Hans ihn verprügeln müssen – für Agnes ist das eine Selbstverständlichkeit, andere Konfliktlösungsmöglichkeiten werden nicht in Betracht gezogen. Auch den von Ole vorgeschlagenen Steinwurf auf Pierre Anthon im Pflaumenbaum befürwortet sie ohne Hinterfragen („die Idee an sich war gut", S. 18).

Bewusstsein für Grenzüberschreitungen

Agnes hat ein Bewusstsein für die Grenzüberschreitungen, die die Jugendlichen vornehmen, beim Hissen der Nationalflagge beispielsweise wird ihr „etwas mulmig zumute" (S. 38), die Schändung eines kirchlich-geweihten Raumes wird mit übernatürlichen Wahrnehmungen konnotiert, die das Handeln sanktionieren; die zunehmende Gewalt, die in der Amputation von Jan-Johans Finger gipfelt, nimmt sie aber eher gleichmütig hin.

Die Ich-Erzählerin glaubt fest daran, dass es etwas gibt, was Bedeutung hat, „selbst wenn man dieses Etwas loswerden musste" (S. 74). Sie glaubt nicht an Gott, sondern daran, „dass Jesus und der Herrgott nicht existierten und deshalb keine Bedeutung hatten" (S. 76).

Treibt Handlung durch ihre Taten voran

Sie ist diejenige, die die Handlung nach der Entdeckung durch die Polizei vorantreibt: Als die Gruppe darüber diskutiert, wie man Pierre Anthon nun trotz polizeilicher Präsenz und Hausarrest den Berg aus Bedeutung zeigen könne, schlägt sie vor, der örtlichen Zeitung von dem Vorfall zu erzählen, in der Hoffnung, dass diese dann einen Bericht über den Berg aus Bedeutung bringt, den Pierre Anthon liest (vgl. S. 104 f.).

Auseinandersetzung mit den Thesen Pierre Anthons

Agnes setzt sich mit den Thesen Pierre Anthons immer wieder auseinander und gesteht ihnen teilweise sogar eine gewisse Wahrhaftigkeit zu. Als er recht behält, dass die amerikanische Moderatorin nicht nach Dänemark kommen wird, fragt sich Agnes, ob seine These zutreffe, dass Bedeutung stets relativ und deshalb bedeutungslos sei (vgl. S. 116). Dieser Zweifel haftet ihrem Denken auch dann an, als ein großes Museum in New York den Berg aus Bedeutung kaufen möchte (vgl. S. 116 ff.).

Im XXII. Kapitel (S. 122–125) beschreibt sie, wie die Schüler mehr und mehr dazu neigen, Pierre Anthon recht zu geben. Sie gibt in diesem Kapitel die Stimmung der Klasse wieder, die angesichts des aufkommenden Frühlings und des bevorstehenden Wechsels auf andere Schulen grundsätzliche Zweifel an der Sinnhaftigkeit hegt:

> „Wir begannen zu verstehen, was Pierre Anthon meinte. Und wir begannen zu verstehen, warum die Erwachsenen so aussahen, wie sie es taten. Und auch wenn wir uns geschworen hatten, nie so wie sie auszusehen, war genau das passiert. Wir waren noch nicht mal fünfzehn.
> Dreizehn. Vierzehn. Erwachsen. Tot“ (S. 123 f.).

Ihre rückblickende Bewertung der Ereignisse macht deutlich, dass sie erkannt hat, dass die Suche nach dem Lebenssinn eine todernste Angelegenheit ist; die Asche des Bergs aus Bedeutung, die sie in einer Schachtel aufbewahrt, steht für diese existenzielle Bedeutung der Sinnsuche.

Pierre Anthon

Stärkster Schüler

Pierre Anthon wird als der stärkste Schüler der Klasse 7 A beschrieben (vgl. S. 24), er ist „breit und kräftig und hatte eine Menge Sommersprossen auf der Nase, die einmal gebrochen war, als er in die Fünfte ging und mit seinem Kopf gegen den Kopf von einem aus der neunten Klasse in der Stadt schlug“ (S. 16). Er hat am 5. Februar Geburtstag (vgl. S. 25) und wohnt mit seinem Vater in einer Kommune auf einem ehemaligen Bauernhof (vgl. S. 10). Sein Vater arbeitet in einer Computerfirma, trägt einen Bürstenhaarschnitt

Pierre Anthon sitzt im Baum und bewirft die anderen mit „bereift-staubigen Victoria-Pflaumen" (S. 11).
© picture alliance / blickwinkel / McPHOTO / H.-R. Mueller

und baut ökologisches Gemüse an (vgl. S. 19 f.), er sei „empfänglich für Geister, alternative Behandlungen und andere Menschen" (S. 19 f.) und stecke noch – so das Vorurteil in der Stadt – in der 1968er-Zeit fest.

Provoziert seine Mitschüler vom Baum aus

Pierre Anthon beschließt am ersten Schultag der 7. Klasse, nicht mehr in die Schule zu gehen, sondern stattdessen auf einem Pflaumenbaum im Vorgarten seines Hauses zu sitzen und seine Klassenkameraden mit zum Teil nihilistischen Aussagen zu provozieren (vgl. S. 11); immer wieder bewirft er sie dabei mit Pflaumen. Während seine Klassenkameraden versuchen, seine These von der

Bedeutungslosigkeit aller Dinge zu widerlegen, formuliert er im Verlaufe des Romans unter anderem die folgenden zentralen Aussagen:

Pierre Anthons Aussagen über die Bedeutungslosigkeit

1. Alles ist sinnlos, es gibt keinen Wert, keine tiefere Bedeutung von irgendetwas (vgl. S. 9);
2. das Sterben beginnt mit der Geburt (vgl. S. 11);
3. das Leben ist nur ein Spiel, bei dem es darum geht, einen möglichst überzeugenden Schein aufrechtzuerhalten (vgl. ebd.);
4. angesichts des Todes wird alles zum Nichts, den Umgang mit dem Nichts kann man schon zu Lebzeiten üben; man kann sich darin üben, ein Teil von nichts zu werden (vgl. S. 22);
5. es gibt immer jemanden, der besser ist (vgl. S. 23);
6. die einzige Konsequenz aus der Erkenntnis, dass das Leben bedeutungslos ist, ist es, das Nichts zu genießen (vgl. S. 24);
7. Freundschaft ist sinnlos, weil unbeständig (vgl. S. 42);
8. Menschsein ist nichts Besonderes (vgl. S. 73);
9. die Überbevölkerung ist der Untergang der Erde, der Mensch sollte verschwinden, damit die Erde überleben kann (vgl. S. 74);
10. alles, was vergeht, wird Teil von etwas Neuem und Teil eines ewigen Kreislaufs (vgl. S. 92).

Seine Aussagen sind überwiegend fatalistisch-pessimistisch (z. B. 3., 9.) aber auch realistisch (z. B. 2., 5.) und nihilistisch (z. B. 1., 4., 6., 7., 8.).[19] Gerade die letzte Aussage belegt, dass nicht alles, was er sagt, nihilistisch ist: Die Idee des ewigen Kreislaufs ist in asiati-

---

19 Vgl. ausführlicher dazu das Kapitel 3.7 auf S. 73 ff. dieser Erläuterung.

schen Religionen wie dem Buddhismus durchaus präsent. Zudem zeigt Pierre Anthon eine sehr realistische Einschätzung, als er beispielsweise voraussagt, dass das Interesse der Medien sich bald einem anderen Objekt zuwenden und man den Berg aus Bedeutung vergessen werde (vgl. S. 113). Dies trifft im März 1993 ein, als die Medien das Interesse tatsächlich verlieren, nachdem ein New Yorker Museum den Berg gekauft hat. Seine Schlussfolgerung lautet:

> „Bedeutung ist Bedeutung. Wenn ihr also wirklich die Bedeutung gefunden habt, hättet ihr sie noch immer. Und die Medien aus aller Welt wären noch hier, um herauszufinden, was ihr da gefunden habt. Aber sie sind nicht mehr hier. Was ihr also gefunden haben mögt, die Bedeutung war es nicht, denn die existiert gar nicht!“ (S. 120)

Am Ende des Romans wird er von Agnes zum alten Sägewerk gerufen; beim Betrachten des Bergs aus Bedeutung konstatiert er, dass die Dinge kaum eine Bedeutung haben könnten, da sie andernfalls nicht verkauft worden wären (vgl. S. 133). Daraufhin wird er von der ganzen Klasse zu Tode geprügelt.

Teller hat sich explizit zum Charakter von Pierre Anthon geäußert und beschreibt ihn so:

Pierre Anthon ist Existenzialist

> „Er ist ein ganz gewöhnlicher, handelsüblicher Existenzialist. Bemerkenswert natürlich, dass er in einem so reichen, friedlichen Land wie Dänemark aufwächst. Wenn Menschen hungern, ist die Frage nach dem Sinn des Lebens eher zweitrangig. Erst wenn die Grundbedürfnisse befriedigt sind, fangen wir an, nach der Zukunft zu fragen – oder danach, ob das Leben nicht mehr sein muss als das, was man sieht. Das ist ein interes-

santes Paradox, nicht wahr? Warum sollten Menschen so hart ums Überleben kämpfen, wenn das Leben gar keine Bedeutung hätte?“[20]

Pierre Anthon als symbolhafte Personifizierung einer Idee: der Frage nach dem Sinn

Aus der Tatsache, dass Pierre Anthons Schulverweigerung keinerlei Konsequenzen hat, kann man erkennen, dass die Figur insgesamt nicht realistisch, sondern als symbolhafte Personifizierung einer Idee angelegt ist; diese Idee ist die Sinnfrage. Für Teller ist die Tatsache, dass Pierre Anthon von Eltern, Pädagogen und Behörden völlig in Ruhe gelassen wird, ein bewusstes Gestaltungselement, das dazu dient, die vermittelten Einsichten gleichsam als eine Art Spiegel stärker ins Bewusstsein dringen zu lassen:

> „Ich sehe es als eine Art modernes Märchen. Ich will gar nicht mit Wahrscheinlichkeit oder Plausibilität argumentieren: Ich finde am wichtigsten, dass Literatur ihre eigene Logik hat. Weil sie nicht abgebildete Realität ist, kann sie uns Einsichten in unsere eigene Wirklichkeit vermitteln. Wie ein magischer Spiegel. Während ein realistischer Spiegel uns nur die Oberfläche zeigt.“[21]

Sofie

Macht drastischere Entwicklung durch als ihre Mitschüler

Die Schülerin Sofie kennt Pierre Anthon besser als die anderen, da sie zwei Wochen lang ein Paar gewesen sind (vgl. S. 43). Sie hat die Idee mit dem Berg aus Bedeutung (vgl. S. 24) und wohnt in der Nähe des alten Sägewerks (vgl. S. 25). Nach der Vergewaltigung durch Hans, wodurch sie dem Berg aus Bedeutung ihre Unschuld beisteuert, verändert sich ihr Wesen, sie wirkt zunehmend kalt und

---

20 Gaschke 2010.
21 Ebd.

unnachgiebig (vgl. S. 101). So beharrt sie darauf, dass Jan-Johan seinen Zeigefinger abgeben müsse, wenn Rosa das verlange (vgl. S. 89): „Alle anderen haben bekommen, was sie haben wollten. Und wenn die hübsche Rosa Jan-Johans Zeigefinger will, dann soll sie Jan-Johans Zeigefinger haben." (S. 89) Sie erklärt sich ohne zu zögern bereit, den Finger abzuschneiden (vgl. ebd.), droht damit, ihm die ganze Hand zu nehmen, wenn er nicht erscheine (vgl. S. 94), und schneidet ihn dann auch tatsächlich ab (vgl. S. 97). Agnes vermutet, dass sie es auch gewesen sei, die Aschenputtels Kopf abgetrennt habe.

Sofie ist die einzige Schülerin, die den Mut hat, dem Klassenlehrer auf die Frage nach dem Grund der Aktionen zu antworten, dass sie auf der Suche nach dem Sinn gewesen seien, denn: „Sie haben uns ja nichts darüber beigebracht." (S. 101)

Sie wirkt unnachgiebig, aber auch wie jemand, der für eine Idee „brennt":

> „Als Sofie wieder in die Klasse kam, funkelten ihre Augen seltsam. (…) Bis auf eine leichte Rötung ganz oben auf den Wangen zum Haaransatz hin war sie blass, und ihr Gesicht wirkte unnachgiebig, vielleicht mit einem Hauch Kälte, aber vielleicht auch, als ob sie für etwas brannte. Ohne genau zu wissen, was es war, wusste ich, dass dieses Etwas zur Bedeutung gehörte." (S. 101)

Ermutigt ihre Mitschüler nicht aufzugeben

Als alle aufgeben wollen, nachdem der öffentliche Ruhm verblasst ist, ist es Sofie, die die anderen ermutigt, weiterzumachen und Pierre Anthon nicht recht zu geben:

> „Wir anderen hatten stillschweigend aufgegeben, aber wenn auch Sofie aufgeben würde, wäre das trotzdem nicht zu ertra-

gen. Und es war kurz davor. Glaubte ich. Aber Sofie gab nicht auf. Sofie verlor den Verstand." (S. 125)

Ist Auslöser für Schlägerei unter den Schülern

Am Tag, bevor der Berg aus Bedeutung abgeholt werden soll, macht sie ihren Mitschülern klar, dass man die Bedeutung nicht verkaufen könne, ohne dass sie ihren eigentlichen Wert verliere. Sie provoziert mit ihrer Haltung die bei ihren Mitschülern angestauten Aggressionen: „Und nach dieser Offenbarung war es, als hätte uns alle der Teufel gepackt." (S. 128) Die Wut, die sich entlädt, richtet sich zunächst auf diejenigen, die im Verlauf der Errichtung des Bergs aus Bedeutung dafür gesorgt haben, dass man sich von Dingen trennen muss, die bedeutsam sind. Als Pierre Anthon hinzukommt und die Gruppe verhöhnt, richtet sich die allgemeine Wut auf ihn, da er als der eigentliche Verursacher der Problematik angesehen wird: „Wir wussten nur, dass es Pierre Anthons Schuld war. Und dass er dafür bezahlen musste." (S. 135)

Sofie gelingt es nicht, das Erlebte eigenständig zu verarbeiten, sie wird in die Psychiatrie eingewiesen (vgl. S. 140). Daher ist sie ein gutes Beispiel für die Warnung, die Agnes im Epilog formuliert, wenn sie erklärt, dass man sehr vorsichtig mit der Frage nach dem Sinn umgehen müsse, da die Konsequenzen der gefundenen Antwort nicht absehbar seien.

Jan-Johan

Anführer der Klasse

Jan-Johan ist der Anführer der Klasse (vgl. S. 95), er spielt sehr gerne Gitarre, und zwar vorzugsweise Beatles-Lieder, die er so gekonnt kopiert, dass man den Unterschied zum Original kaum bemerkt (vgl. S. 14). Er möchte später einmal Musiker werden, aus diesem Grund ist die Forderung nach seinem Finger von existenzieller Bedeutung für seine Lebensplanung. Sein Vater ist Schlachter (vgl. S. 86), daher kann er ein frisch geschärftes Fleischermesser besorgen, mit dem

dem Hund Aschenputtel der Kopf abgetrennt wird. Seiner Funktion als Anführer wird er zum Beispiel gerecht, wenn er die Karten für die Auswahl des Friedhof-Teams mischt (vgl. S. 50).

Entwickelt sich zum Feigling

Bei der Aussicht, seinen Finger zu verlieren, zeigt er sich als ängstlicher Feigling, die Ich-Erzählerin bezeichnet sein Verhalten als „jämmerlich" (S. 95) und Jan-Johan als „plärrende(n) Säugling" (ebd.). Die Diskrepanz zwischen seinem Verhalten als Anführer der Klasse und seinem Verhalten in einem Moment, in dem er etwas Bedeutungsvolles verlieren soll, veranlasst Agnes, über die vielfältigen Facetten der menschlichen Persönlichkeit nachzudenken:

> „Bei dem Gedanken, wie viele unterschiedliche Personen in ein und demselben Mensch stecken konnten, bekam ich eine Gänsehaut.
> Mächtig und jämmerlich. Fein und Ordinär. Mutig und feige.
> Man konnte es nicht ausloten." (S. 95)

Verrät die Gruppe

Jan-Johan verrät die Gruppe, nachdem ihm der Zeigefinger abgetrennt worden ist (vgl. S. 99). Er teilt das Krankenzimmer mit Hussein, der von seinem Vater erneut verprügelt worden ist (vgl. S. 100). Als die Presse auf den Berg aus Bedeutung aufmerksam wird, genießt er den Ruhm: „Sogar Jan-Johan war ganz zufrieden und reckte mutig allen Fotografen seinen Verband entgegen" (S. 111).

Nebenfiguren

Unsolidarisch

Die anderen Figuren werden unterschiedlich detailliert beschrieben: Der Schüler **Henrik** trägt den Beinamen „der Kriecher" (S. 19) oder sogar „der Arschkriecher" (S. 44, S. 100) wegen seines unsolidarischen Verhaltens gegenüber seinen Mitschülern; sein Vater ist der Biologielehrer und es wird Henriks Aufgabe, die Schlange in Formalin aus dem Biologieraum zu stehlen.

Beste Freundin von Agnes

Marie-Ursula ist die beste Freundin von Agnes und „etwas Besonderes" (S. 31) für die Ich-Erzählerin, weil sie ihre blauen Haare in sechs Zöpfen trägt und nicht, wie Agnes, von ihrer Mutter gehindert wird, ausschließlich schwarze Kleidung zu tragen (vgl. ebd.).

Uninteressant für Agnes

Die Ich-Erzählerin beschreibt **Gerda** als abstoßend, blöd und doof (vgl. S. 29), weil sie beim Sprechen und Lachen spuckt (vgl. S. 31). Gerda ist diejenige, die verrät, dass die grünen Sandalen für Agnes eine besondere Bedeutung haben (vgl. S. 28 f.), woraufhin Agnes, die sich nach eigner Aussage nichts aus Gerda macht (vgl. S. 31), von ihr den Hamster Klein Oskar für den Berg aus Bedeutung verlangt (vgl. S. 33–35).

Traurig, fühlt sich vernachlässigt

Von **Elise** Jensen wird erzählt, dass ihr kleiner Bruder Emil im Alter von zwei Jahren gestorben sei; während seiner Krankheit habe sie zu den Großeltern gehen müssen, was bei ihr die Angst geweckt habe, von den Eltern weggeschickt zu werden. Als nun der Leichnam ihres Bruders für den Berg aus Bedeutung vom Friedhof geholt wird, vermutet die Ich-Erzählerin, dass Elise Angst habe, ihre Eltern könnten sie erneut und für immer wegschicken (vgl. S. 53). Ihre Grundstimmung ist insgesamt eher traurig, die Ich-Erzählerin legt die Vermutung nahe, dass sie sich vernachlässigt und nicht genug geliebt fühlt (vgl. S. 66). Gleichzeitig ist sie tierlieb und kümmert sich um Aschenputtel (vgl. ebd.).

Ängstlich, weinerlich

Kai, der das Epitheton „fromm" trägt, weil sein Vater bei der Inneren Mission ist (vgl. S. 16), argumentiert stets religiös (vgl. S. 47); er hat Angst, wegen der Störung der Totenruhe aus der Inneren Mission ausgestoßen zu werden, am Ende bricht er in Tränen aus und bittet um Verzeihung, nachdem der Berg aus Bedeutung öffentlich geworden ist und die Schüler bestraft werden (vgl. S. 100).

Früher impulsiv, nun traurig

Hussein gehört mit Ole, Hans und Pierre Anthon zu den starken Schülern, die sich raufen (vgl. S. 69), er ist gläubiger Mohammedaner, daher ist sein Gebetsteppich von besonderer Bedeutung für ihn (vgl. S. 68 f.); nach dem Verlust des Teppichs und nach der Offenlegung der Aktivitäten im alten Sägewerk wird er von seinem Vater jeweils krankenhausreif geprügelt – beim zweiten Mal teilt er sich zusammen mit Jan-Johan ein Zimmer im Krankenhaus (vgl. S. 100).

Wirkt harmlos

Von **Rosa**, die stets das Epitheton „hübsch" (S. 88) trägt, wird erzählt, sie könne kein Blut sehen, allerdings schneidet sie auf den Wunsch Kais hin Aschenputtels Kopf ab (vgl. S. 86); Agnes hegt allerdings den Verdacht, dass Sofie und nicht Rsa den Hund getötet habe (vgl. S. 89). Äußerlich wirkt sie harmlos, verlangt aber Jan-Johans rechten Zeigefinger, obgleich sie weiß, dass dieser Wunsch das Ende der Musiker-Karriere des Jungen bedeutet (vgl. S. 88).

Kräftig, wütend

Hans, der das Epitheton „groß" (S. 19) trägt, wird als kräftiger Junge beschrieben. Er erledigt zusammen mit Ole die Dinge, die physische Stärke beanspruchen; so verprügelt er beispielsweise Henrik, als der sich damit brüstet, von seinem Vater nicht wegen des Verschwindens der Schlange bestraft worden zu sein (vgl. S. 45), und zusammen mit Ole den Mohammedaner Hussein, der sich weigert, den Gebetsteppich abzugeben (vgl. S. 69). Die Forderung, sein neues gelbes Rennrad aushändigen zu müssen, macht ihn wütend. Da besonders Sofie das Rennrad verlangt, rächt er sich an ihr, indem er ihre Unschuld fordert (vgl. S. 70 f.) und diese Forderung dann auch selbst „eintreibt" (vgl. S. 72).

Zurückhaltend

Anna-Li stammt aus Korea und wird als Kind von dänischen Eltern adoptiert, ihre leiblichen Eltern kennt sie nicht (vgl. S. 39). Sie verhält sich überwiegend zurückhaltend, opfert aber freiwillig ihre Adoptionsurkunde, da sie das „Spiel" ernst nimmt: „Aber das ist doch auch der Sinn, denn sonst bekommt der Berg aus Bedeutung keine Bedeutung, und dann bekommt Pierre Anthon ja recht, dass nichts etwas bedeutet." (S. 39) Als es darum geht, dass das Abtrennen des Fingers von Jan-Johan schmerzhaft sei, entgegnet sie, dass es wehtun müsse, da es andernfalls keine Bedeutung habe (vgl. S. 97).

Bürgerlich-konservativ

Frederik wird genauer beschrieben: Er ist 14 Jahre alt, hat braunes Haar und braune Augen, er stammt aus einer Familie mit bürgerlich-konservativen Wertvorstellungen: „Und wie seine Eltern, die verheiratet waren und nicht geschieden und das auch nie werden würden, glaubte Frederik an Dänemark und an das Königshaus, und mit Hussein durfte er nicht spielen." (S. 36) Seit seinem 14. Geburtstag gehört es zu seiner Aufgabe, die Flagge im Vorgarten an besonderen Festtagen hissen (vgl. S. 37).

Herablassend

Werner, der das Epitheton „Dame" trägt, wird als herablassend und gekünstelt beschrieben, er hält offenbar sehr große Stücke auf seine literarischen Schreibfähigkeiten, denn als er sein Tagebuch abgeben muss, meint er, der „Berg aus Bedeutung" habe ein „neues Niveau" erreicht (S. 38 f.).

Weitere Nebenfiguren

Die Figuren **Dennis**, die kleine **Ingrid** (vgl. S. 17), **Ole** mit den Boxhandschuhen (vgl. S. 44), **Sebastian**, **Richard**, **Laura** und **Maike** (sie stößt Frederik mit der Zirkelspitze in die Seite, weil dieser sich entschuldigt, vgl. S. 100) werden nur beiläufig erwähnt und nicht näher charakterisiert. Alle Figuren tragen einen bedeutsamen Gegenstand zum Berg aus Bedeutung bei.

Die Figuren der Erwachsenenwelt

Die Figuren der Elternwelt sind typisiert, genannt werden der **Klassenlehrer**, Herr Eskildsen, dem auffällt, dass sich die Klasse seit Schuljahresbeginn seltsam verhält (vgl. S. 73), der **Biologielehrer**, der die Klasse für das Verschwinden der Schlange in Formalin verantwortlich macht, und der **Vater von Pierre Anthon** (Beschreibung s. S. 50 f. in dieser Erläuterung).

Versagen

Alle Figuren der Erwachsenenwelt weisen eine Distanz zu den Figuren der Schülerwelt auf. Nüchtern betrachtet versagen alle Figuren umfassend bei der Erfüllung ihres Erziehungs- und Fürsorgeauftrags. Selbst als der Berg aus Bedeutung entdeckt wird, führt das nicht dazu, dass die Erwachsenen dem Prozess ein Ende machen, indem z. B. Pierre Anthon endlich angemessen betreut wird. Dieses – unter realistischen Vorzeichen betrachtete – „Versagen" der Erwachsenenwelt ist eine handlungsstrukturelle Entscheidung der Autorin, die die existenzielle Bedeutung des Sinnfindungsprozesses nur in der Konfrontation mit dem Tod angemessen ausgedrückt sieht.

3.5 Sachliche und sprachliche Erläuterungen

7	**„Nichts bedeutet irgendetwas, das weiß ich seit Langem. Deshalb lohnt es sich nicht, irgendetwas zu tun. Das habe ich gerade herausgefunden.**	Die Sätze werden im ersten Kapitel als Motto dem Roman vorangestellt. Sie stellen lt. eines Interviews mit Claudia Voigt (2010) die erste Idee der Autorin für den Roman dar.[22]
8	**Schule**	Das dänische Schulwesen ist etwas anders aufgebaut als das deutsche Schulwesen: Dänische Schüler besuchen zunächst gemeinsam die neunjährige Volksschule. Nach der Abschlussprüfung können sie entweder ein 10. Schuljahr an der Volksschule verbringen und so einen mittleren Bildungsabschluss erwerben oder sie besuchen das dreijährige Gymnasium, das mit dem Erwerb der Hochschulzugangsberechtigung abschließt.
10	**Kommune**	Eine Kommune ist eine sich als alternativ verstehende Wohngemeinschaft, in der Menschen zusammenleben, die nicht zwingend miteinander verheiratet oder verwandt sein müssen. Sie entwickelte sich vor allem in der Zeit der Jugendbewegungen Ende der 1960er Jahre und wurde als eine unkonventionelle und anti-bürgerliche Lebensweise betrachtet.

22 Vgl. Voigt 2010.

10	**Hippies**	Hippies (von engl. „hip" – „angesagt", „auf dem neuesten Stand") – Zugehörige der oben gen. Lebensweise – bevorzugten das Leben in der Kommune als Ausdruck ihres gesellschaftspolitischen Konzepts eines menschlicheren Miteinanders.
11	**Victoria-Pflaumen**	süße, gelbfleischige Pflaumenart, die nach der britischen Königin Victoria benannt ist
16	**Innere Mission**	Sie war eine christliche Bewegung, die in der Mitte des 19. Jahrhunderts von Johann Hinrich Wichern in Wittenberg gegründet wurde und die eine explizite Nächstenliebe praktizierte. Die evangelische Bewegung, die eine Wiederbelebung des Christentums zum Ziel hatte, verbreitete sich rasch in Europa.
36	**Dannebrog**	dän. für „Flagge der Dänen"
36	**dänischer König in Lettland**	Gemeint ist hier die Legende, nach der der Dannebrog im Jahr 1219 während einer schon verloren geglaubten Schlacht der Dänen gegen die Esten in der Nähe des heutigen Tallin vom Himmel fiel. Bei dem dänischen König handelt es sich um Waldemar II.
47	**Sakrileg**	aus lat. „sacrilegium": Tempelraub, Religionsfrevel
52	**Discman**	Erster tragbarer CD-Player, der 1984 von Sony auf den Markt gebracht wurde; im Jahr 2000 wurde der Player in „CD Walkman" umbenannt.
67	**Samson**	alttestamentliche Figur aus dem *Richter*-Buch: Seine übermenschliche Stärke rührte von seinen Haaren her, nachdem diese abgeschnitten worden waren, verlor er seine Kraft.

67	**die sich verlaufen hat und besser in einer Anstalt aufgehoben wäre**	„Anstalt" ist ein umgangssprachlicher Ausdruck, der aussagt, dass die Schülerin eine psychische Erkrankung hat und in der Psychiatrie betreut werden sollte.
80	**Töle**	Hund, Hündin
105	***Tæring Tirsdag***	dän. „Tirsdag": Dienstag, Name der in Tæring erscheinenden Zeitung
118	**Museum, das „mit einer komischen Buchstabenkombination abgekürzt (wird), die wie etwas klang, das ein Kind nicht ordentlich aussprechen kann"**	Gemeint ist wohl das Museum of Modern Art (MoMA) in New York, das eines der weltweit wichtigsten Museen für moderne Architektur, Gemälde, Skulpturen, Design, Drucke, Filme und Fotografien ist.

3.6 Stil und Sprache

ZUSAMMENFASSUNG

Nichts kann als ein parabelhafter Adoleszenzroman gelesen werden. Der Roman wird durch die Perspektive der jugendlichen Ich-Erzählerin Agnes dominiert, die sich standardsprachlich ausdrückt. Zuweilen finden sich Beispiele einer poetischen Sprachverwendung und Sprachexperimente.

Gattung, Erzählweise und -struktur

Nichts als parabelhafter Adoleszenzroman

Zuordnung zur Adoleszenzliteratur

Die paratextuelle Angabe lautet „Roman", der Text wird damit der erzählenden Literatur zugeordnet und zählt zum Genre der Adoleszenzliteratur. Dies lässt sich durch das Alter der Protagonisten (7. Klasse, d. h. 13 bzw. 14 Jahre alt) und die von ihnen verhandelten Themen (Frage nach dem Sinn des Lebens) begründen. Als „Adoleszenz" gilt

Definition Adoleszenz

> „allgemein jene Phase, die den ‚Abschied von der Kindheit' und den Eintritt in das Erwachsenenalter bezeichnet (...). Damit ist auch gesagt, dass die Besonderheit dieser lebensgeschichtlichen Phase im Mit- und Gegeneinander von körperlichen, psychischen und sozialen Prozessen besteht (...). Es geht sozusagen um die ‚Neuprogrammierung' der physiologischen, psychologischen und psychosozialen Systeme".[23]

---

23 Gansel 2000, S. 359 f. (vgl. auch die Definition von Adoleszenzliteratur im Kapitel 5 auf S. 86 f. dieser Erläuterung).

Identitätsfindung, Abschied von Kindheit

Idealtypisches Ziel dieser Phase ist die Identitätsfindung des Protagonisten, der Abschied von der Kindheit wird zumeist mit Todesmotiven gekoppelt (Todesmotiv im Berg aus Bedeutung: der kleine Emil, Hund Aschenputtel, Pierre Anthon). Auf dem Weg hin zur Identität findet sich meist ein markanter Einschnitt in Form eines Initiationsrituals (im vorliegenden Roman die gemeinsame Ermordung Pierre Anthons), die Todeserfahrung symbolisiert den Abschied von der alten Kindheitsidentität, der Neubeginn mit der Erwachsenenidentität fällt zusammen mit dem Hineinwachsen in soziale Rollen.

Scheitern

Die Besonderheit des vorliegenden Romans besteht darin, dass die Protagonisten bei der Suche auch scheitern (z. B. Sofie). Es spielen auch bürgerliche Wertvorstellungen (beruflicher Erfolg, Familie) sowie Liebe/Sexualität (Sofie), Glaube (Christentum/Islam) eine Rolle. Die für andere Adoleszenzromane typische Auseinandersetzung mit gesellschaftlichen Normen findet ebenfalls statt (Verkauf des Bergs aus Bedeutung an ein Museum, Umgang mit Presse, sozialer Ruhm, Bedeutung von Geld).

Es handelt sich bei *Nichts* also um einen typischen modernen Adoleszenzroman mit weiblichen Protagonisten, erfolgreichen und weniger erfolgreichen Identitätsfindungsprozessen und einer Infragestellung konsistenter Sinnperspektiven:

> „Die zumeist männlichen Protagonisten scheitern an den Anforderungen ihrer Erzieher, Jugend erscheint als Stadium fragiler Identität und einer von Elternhaus und Schule nur unzureichend berücksichtigten Krise; allenfalls die Freundschaft mit Gleichaltrigen bietet ein Refugium (...). Die moderne A., die vielfach der Jugendlit. (Kinder- und Jugendlit.) zugerechnet werden kann, kennt – auch am Beispiel weiblicher Protagonisten – radikalen Protest und ‚Ausstieg' (Plenzdorfs *Die neuen Leiden des jungen W.*) ebenso wie die Entdramatisierung des Generationenkon-

flikts, die Normalisierung der Spannung zwischen individuellem Anspruch und sozialen Realitäten und eine Vielfalt von Subjektkonzeptionen. Jungsein wird als generationsübergreifender gesellschaftlicher Imperativ gezeigt, Sinnperspektiven und zielgerichtete Lebensplanung erweisen sich als Ausnahmen."[24]

Im Hinblick auf die Zielgruppe bekennt Teller allerdings, dass das zu Anfang für Jugendliche zu schreibende Buch mehr und mehr ein Crossover-Roman wurde, der sowohl für jugendliche als auch für erwachsene Leser geschrieben ist. Sie begründet diese Einteilung mit Erfahrungen aus dem Schreibprozess:

Roman für Jugendliche und Erwachsene

„Für mich ist es ein Crossover, ein Buch für jugendliche und erwachsene Leser. Und für viele Romane ist diese Klassifizierung in ‚Jugend' oder ‚Erwachsene' eine total künstliche und überflüssige Behinderung. Ursprünglich hatte ich beim Schreiben tatsächlich ein junges Publikum im Blick. Ich wurde wieder zur Vierzehnjährigen. Aber dann merkte ich, dass dadurch die Erzählstimme nicht naiver ausfiel als sonst. Die 14-jährige Perspektive befreite mich nur von einer Menge ideologischem Gepäck: all den felsenfesten Einteilungen in richtig und falsch; den Floskeln, mit denen wir den unbeantwortbaren Fragen des Lebens begegnen, ob wir nun religiös sind oder nicht. Junge Leute sind gegenüber all diesen Fragen noch sehr offen, sie müssen ihren Sinn erst finden, um sich für einen bestimmten Lebensweg entscheiden zu können. Im Kopf noch einmal 14 zu sein, hat es mir erlaubt, die großen, existenziellen Fragen mit völlig offenen Augen zu betrachten. Ich musste einsehen, dass ich keine defini-

---

24 Kolk 2007, S. 5 f.

> tiven Antworten hatte, obwohl ich in meinem Erwachsenenleben dauernd so tue."[25]

Parabel in Romanform

Die narrative und symbolische Struktur machen den Text zu einer Parabel[26] in Romanform. Der Roman bildet Realität nur teilweise verlässlich ab, die fehlende Intervention der Schule bzw. der Eltern im Falle des minderjährigen „Aussteigers" Pierre Anthon ist ein Beispiel für ein unrealistisches Element im Handlungsverlauf. Janne Teller bezeichnet die Gattung als „modernes Märchen":

„Modernes Märchen"

> „Ich sehe es als eine Art modernes Märchen. Ich will gar nicht mit Wahrscheinlichkeit oder Plausibilität argumentieren: Ich finde am wichtigsten, dass Literatur ihre eigene Logik hat. Weil sie nicht abgebildete Realität ist, kann sie uns Einsichten in unsere eigene Wirklichkeit vermitteln. Wie ein magischer Spiegel. Während ein realistischer Spiegel uns nur die Oberfläche zeigt."[27]

Literaturwissenschaftlich betrachtet wäre *Nichts* nicht als „Märchen" zu beschreiben, da ihm typische formale Elemente des Märchens fehlen. Die Definition von Janne Teller, die die Realitätsferne als Mittel erkennt, das es ermöglicht, Erkenntnisse und Lehren zu vermitteln, unterstreicht die gewählte Bezeichnung als „Parabel".

Nichts wäre somit gattungsmäßig zu bezeichnen als ein parabelhafter Adoleszenzroman für Leser jeden Alters.

---

25 Gaschke 2010.
26 Vgl. dazu auch die Definition von Parabel im Kapitel 5 auf S. 87 dieser Erläuterung.
27 Gaschke 2010. An einer anderen Stelle bezeichnet Teller den Roman als „ein Märchen voller Hoffnung und Licht" (Teller 2013, S. 112).

Problematik des deutschen Untertitels *Was im Leben wichtig ist*

Bedeutungsverschiebung durch Untertitel

Bei der dieser Erläuterung zugrundeliegenden Ausgabe handelt es sich um eine deutsche Übersetzung des dänischen Originaltexts. Auf Einzelheiten der Übersetzung kann an dieser Stelle nicht eingegangen werden; bemerkenswert ist jedoch, dass die deutsche Ausgabe von *Nichts* den Untertitel *Was im Leben wichtig ist* trägt, dieser Untertitel kommt in der dänischen Ausgabe nicht vor. Die Verwendung des Punktes nach *Nichts* verschiebt die Bedeutung des Titels auf seinen zweiten Teil. Während also in der dänischen Ausgabe die Sinnlosigkeit im Vordergrund steht, findet sich in der deutschen Übersetzung die sehr viel optimistischer klingende Formulierung, nach der es darum geht, Angebote für ein erfülltes Leben zu finden.

In der bibliothekarischen Aufnahme von *Nichts* finden sich Varianten mit Punkt, Semikolon, Gedankenstrich und Doppelpunkt; die Wahl des Satzzeichens verändert aber die Aussage des Titels entscheidend. Daher wäre es zu begrüßen, wenn auch die deutsche Ausgabe nur den übersetzten dänischen Titel *Nichts* trüge; in dieser Weise wird der Buchtitel in der vorliegenden Erläuterung verwendet.

Erzählperspektive

Eingeschränktes Wissen eines personalen Erzählers

Die Ich-Erzählerin Agnes gehört zur erzählten Welt (homo-/autodiegetisch), verfügt aber trotz ihrer rückblickenden Erzählrichtung nicht über eine auktoriale Erzählperspektive (Nullfokalisierung), sondern über das eingeschränkte Erzählwissen eines personalen Erzählers (interne Fokalisierung). Dies wird beispielsweise daran deutlich, dass die Erzählerin nicht weiß, was an dem Abend geschieht, als Sofie ihre Unschuld verliert: „Ich weiß nicht genau, was an jenem Abend geschah, als der große Hans Sofie half, die Unschuld zu verlieren.“ (S. 74) oder beim Raub der Jesus-Skulptur:

„Ich war nicht selbst dabei, aber nach dem, was mir Marie-Ursula ohne die sechs blauen Zöpfe am Montagmorgen in der Musikstunde mit gedämpfter Stimme erzählte, (...) war es nicht so gut gegangen wie geplant." (S. 77)

Herstellung von Distanz

Eine Funktion dieser nicht allwissenden Erzählperspektive ist die Herstellung von Distanz, indem sie sich auf Aussagen anderer beruft, z. B. bei dem Raub der Skulptur aus der Kirche: Marie-Ursula meint, dass sie sich verbrennt, als sie ihre Hand auf Jesus' Fuß mit dem Nagel legt; auch das unerklärliche Heruntergleiten der Figur wird als unheimlich erlebt beschrieben. Auf diese Weise unterstützt die interne Fokalisierung die Bewusstmachung der Grenzüberschreitung der Jugendlichen, ohne dass die Glaubwürdigkeit der Erzählerin infrage gestellt wird, da sie nur Schilderungen anderer über die Auswirkungen des blasphemischen Handelns wiedergibt.

Interne vs. externe Fokalisierung

Die interne Fokalisierung der Ich-Erzählerin lässt den Berg aus Bedeutung als wertvolle Sammlung wichtiger Gegenstände erscheinen – die externe Fokalisierung (neutraler Erzähler) wird im Polizeibericht wiedergegeben, in dem der Berg der Bedeutung als „übel riechende(r) Haufen merkwürdigen und makabren Inhalts" (S. 99) beschrieben wird.

Wortwahl, Stil und Sprache

Alltagssprache

Die Wortwahl bedient sich überwiegend aus dem Vokabular der Alltagssprache. An wenigen Stellen finden sich poetische Ausdrucksweisen, beispielsweise wenn die Ich-Erzählerin wahrnimmt, dass „(d)ie Tür lächelte" (S. 9). Die **Personifizierung** der Tür wird dann mit einem **Vergleich** kombiniert, der zugleich eine Vorausdeutung auf das weitere Geschehen ist: „wie ein breit grinsendes Maul, das mich verschlingen würde, wenn ich mich dazu verlocken ließ, Pierre Anthon nach draußen zu folgen" (ebd.).

Sprach-experimente

Ein Stilelement, das den gesamten Roman durchzieht, sind **Drei-Wort- oder Drei-Satz-Ausdrücke**, die zumeist im komparativen Sinne, also als Positiv, Komparativ, Superlativ gemeint sind, häufig aber die grammatisch korrekte Form durch Phantasieformen ersetzen. Beispiele dafür sind:

→ „Still, Stiller. Ganz still." (S. 35)
→ Ruhe. Mehr Ruhe. Grabesruhe." (S. 47)
→ „Dunkel. Dunkler. Grabesdunkel." (S. 56)
→ „Blau. Mehr blau. Am meisten blau." (S. 67)
→ „Angst. Mehr Angst. Am meisten Angst." (S. 10)
→ „Viele! Mehr! Die Wahrheit!" (S. 114)
→ „Langweilig. Langweiliger. Am langweiligsten." (S. 119)
→ „Ein winziges bisschen. Weniger. Nichts." (S. 117)
→ „Schlechter Moslem! Kein Moslem! Niemand!" (S. 69)
→ „Wenig angenehm. Unangenehm. Eklig." (S. 92)
→ „Vollkommen. Ganz und gar. Komplett egal." (S. 114)
→ „Weichei! Feigling! Janna-Johanna!" (S. 94 und S. 95)
→ „Etwas. Viel. Bedeutung!" (S. 38)

Andere Drei-Satz-Ausdrücke sind nicht komparativisch gemeint, sondern unterstreichen Urteile oder Sachverhalte:

→ „Henrik, der Kriecher! Arschkriecher! Arschkriecher Henrik!" (S. 45)
→ „Taten. Täten. Dumme Töle!" (S. 80, hier mit t-Alliteration)
→ „Die Hilfe ist dein. Die Hilfe ist unser. Die Hilfe sind wir." (S. 76)
→ „Mächtig und jämmerlich. Fein und ordinär. Mutig und feige." (S. 95)
→ „Dafür! Dagegen! Dafür mal Dagegen!" (S. 109)

Drei-Satz-Ausdrücke kommen auch als Ellipse vor:

→ „Halt den Mund. Schweig still. Sag kein ____" (S. 104).

Solche Sprachexperimente, die dem Akkommodationsprinzip von Kinder- und Jugendliteratur entsprechen, finden sich auch in Beispielen explizit **kindlicher Sprache** wieder, beispielsweise in der Beschreibung der wohlhabenden Einwohner, „die noch mehr ziemlich vornehm waren" (S. 10). Zu diesem Prinzip zählen **Wiederholungen**: „Jan-Johan, der Gitarre spielte und Lieder der Beatles sang, so dass es fast wie das Original klang" (S. 88, vgl. S. 14, S. 90) und **Einwortsätze** bzw. sehr kurze Sätze: „Durchgedreht. Total durchgedreht. Dieser dumme Hund!" (S. 80) und **onomatopoetische Wendungen**: „Koooommmt Kooommmt! Koooommmt!" (S. 61).

Ferner tauchen **Aphorismen** auf, z. B. das Motto „Nichts bedeutet etwas" (S. 7). Wiederholungen verstärken auch durch eine Versifizierung die Aussage:

„Januar.
Januar.
Januar.
Januar." (S. 111)

Todesassoziationen

Die Bedeutung der eingeforderten Gegenstände wird durch Todesassoziationen und Bezüge zur Religion hervorgehoben: Am Tag, als sie ihre Unschuld verlieren soll, ist Sofie bleich „wie der Sarg des kleinen Emil" (S. 73), ihre Mimik wird verglichen mit der einer Heiligen, die in den Tod geht (vgl. ebd.).

Das zentrale **Symbol** ist sicherlich der „Berg aus Bedeutung", der auf S. 77 ff. dieser Erläuterung noch genauer analysiert wird. Selbst die Asche des Bergs aus Bedeutung wird symbolisch aufgefasst: „Und selbst wenn ich nicht erklären kann, was das ist, weiß ich doch, dass es etwas ist, was Bedeutung hat." (S. 140)

3.7 Interpretationsansätze

ZUSAMMENFASSUNG

Nichts lässt sich als ein von existenzialistischen Fragen bestimmter parabelhafter Jugendroman lesen, der am Beispiel der Auseinandersetzungen um den Bedeutungszweifel Pierre Anthons die individuellen Bemühungen der Jugendlichen verdeutlicht, dem Leben einen Sinn zu geben.

Janne Teller konzipiert die Figur des **Pierre Anthon als Personifizierung der Infragestellung von Sinnhaftigkeit** und sie geht davon aus, dass jeder Mensch sich schon einmal die Frage nach dem Sinn des Lebens gestellt hat: „Aber das Wichtigste dabei ist mir die Bestätigung, dass wir in unseren Köpfen alle mit einem Pierre Anthon zu kämpfen haben."[28]

Betrachtet man die Thesen Pierre Anthons etwas genauer, so stellt man fest, dass ihre Klassifizierung ganz unterschiedlich ist; es sind nihilistische Thesen darunter genauso wie eher fatalistische oder realistische.

Nihilistische Aussagen

Eine nihilistische Weltanschauung kann verstanden werden als „Ratlosigkeit vor der Frage nach Sinn und Ziel des Lebens und nach den höchsten Werten des Verhaltens"[29]. Legt man diese weit gefasste Definition zugrunde, so würden folgende Aussagen darunter subsumiert werden können:

---

28 Teller 2013, S. 112 (vgl. auch den Auszug dazu im Kapitel 5 auf S. 94 f. dieser Erläuterung).

29 Fetscher 1986, Sp. 1481 (vgl. dazu auch die Definition von Nihilismus im Kapitel 5 auf S. 88 dieser Erläuterung).

→ Alles ist sinnlos, es gibt keinen Wert, keine tiefere Bedeutung von irgendetwas (vgl. S. 9).
→ Angesichts des Todes wird alles zum Nichts, den Umgang mit dem Nichts kann man schon zu Lebzeiten üben. Man kann sich darin üben, ein Teil von nichts zu werden (vgl. S. 21 f.).
→ Die einzige Konsequenz aus der Erkenntnis, dass das Leben bedeutungslos ist, ist es, das Nichts zu genießen (vgl. S. 24).
→ Freundschaft ist sinnlos, weil unbeständig (vgl. S. 42).
→ Menschsein ist nichts Besonderes (vgl. S. 73).

Realistische Aussagen

Realistische Aussagen, mit denen Pierre Anthon einen unverstellten und nüchternen Blick auf die Lebenswirklichkeit wirft, sind Sätze wie:
→ Das Sterben beginnt mit der Geburt (vgl. S. 11).
→ Es gibt immer jemanden, der besser ist (vgl. S. 23).

Fatalistisch-pessimistische Aussagen

Andere Aussagen sind weniger nihilistisch als vielmehr von einer tiefen fatalistisch-pessimistischen Skepsis geprägt:
→ Die Überbevölkerung ist der Untergang der Erde, der Mensch sollte verschwinden, damit die Erde überleben kann (vgl. S. 74).
→ Das Leben ist nur ein Spiel, bei dem es darum geht, einen möglichst überzeugenden Schein aufrechtzuerhalten (vgl. S. 11).

Buddhistische Aussage

Eine weitere Vorstellung Pierre Anthons ist dagegen weder fatalistisch noch nihilistisch, sondern entspricht im Kern der Weltinterpretation des Buddhismus:
→ Alles, was vergeht, wird Teil von etwas Neuem und Teil eines ewigen Kreislaufs (vgl. S. 92).

Philosophie und Theologie

Die von Pierre Anthon aufgeworfenen Fragen sind zentrale Probleme von Philosophie und Theologie: In der sogenannten „Theodizee-Frage" beispielsweise wird der Versuch unternommen, die Erfahrung von Leid und Tod mit der Idee eines gütigen Schöpfers in Verbindung zu bringen:

> „Wie lässt sich angesichts der Übel in der Welt, angesichts vorzeitigen Todes, unaufhebbarer sozialer Misere, unheilbarer körperlicher und geistiger Entartungen und ungehemmter Bösartigkeiten noch von einer göttlichen Allmacht und Weisheit, von der Güte des Schöpfers und der Schöpfung, von einer Einheit der Welt und von einer moralischen Weltordnung reden?"[30]

Wissenschaft

Auch die Wissenschaft setzt sich mit der Sinnfrage auseinander, ohne aber eine letztgültige Antwort formulieren zu können:

> „Warum und wozu sind wir hier? Warum, wozu gibt es die ‚Veranstaltung Universum'? Vor dem Hintergrund des Determinismus kann die Antwort fatalistisch sein; aber auch egoistisch (‚Genuss sofort') oder altruistisch. Wissenschaftliche Erkenntnisse geben auch hier keine direkten, eindeutigen Antworten auf Sinnfragen. So kann der naturwissenschaftlich mögliche ‚Kältetod' der Welt, die immanente Sinnlosigkeit der Welt- und Menschgeschichte, auch im Angesicht der im Prinzip noch vor uns liegenden vielen Milliarden Jahren, zu allen möglichen persönlichen Sinnantworten führen."[31]

---

30 Trillhaas 1986, S. 743 (vgl. dazu auch den Auszug zur Theodizee-Frage im Kapitel 5 auf S. 89 f. dieser Erläuterung).

31 Hemminger 1993, S. 167 f. (vgl. dazu auch den Auszug zur Sinnfrage im Kapitel 5 auf S. 90 f. dieser Erläuterung).

Philosophie

In der Philosophie beschäftigt sich der Existenzialismus ausführlich mit der Frage nach dem Sinn. Seine Antwort besteht darin, nicht mehr nach metaphysischen Antworten wie der Religion zu suchen, sondern – ähnlich wie die Wissenschaft – die Antwort als individuelle Seinsaufgabe anzusehen. Albert Camus (1913–1960) formuliert die folgende „Lehre“:

> „Der absurde Mensch sagt Ja, und seine Mühsal hat kein Ende mehr. Wenn es ein persönliches Geschick gibt, dann gibt es kein übergeordnetes Schicksal oder zumindest nur eins, das er unheilvoll und verächtlich findet. Darüber hinaus weiß er sich als Herr seiner Zeit. Gerade in diesem Augenblick, in dem der Mensch sich wieder seinem Leben zuwendet (ein Sisyphos, der zu seinem Stein zurückkehrt), bei dieser leichten Drehung betrachtet er die Reihe unzusammenhängender Taten, die sein Schicksal werden, seine ureigene Schöpfung, die in seiner Erinnerung geeint ist und durch den Tod alsbald besiegelt wird. Überzeugt von dem rein menschlichen Ursprung alles Menschlichen, ist er also immer unterwegs – ein Blinder, der sehen möchte und weiß, dass die Nacht kein Ende hat.“[32]

Der Verzicht auf eine metaphysische Sinngebung bedeutet nicht, dass der Mensch unglücklich sein muss. Camus spricht in seiner berühmten Auslegung vom *Mythos von Sisyphos* vom Glück in einer absurden Welt: Sisyphos ist dazu verdammt, auf ewig einen Marmorblock auf die Spitze eines Berges zu rollen. Der Block rollt immer wieder hinunter und Sisyphos muss nach unten gehen und

---

32 Camus 1982, S. 99–101, gekürzt (vgl. dazu auch den ausführlicheren Auszug aus Camus' Essay im Kapitel 5 auf S. 91 f. dieser Erläuterung).

die Arbeit erneut aufnehmen. Camus stellt sich Sisyphos als einen glücklichen Menschen vor.[33]

Das **Aufbrechen der Sinnfrage** gehört zum Prozess der Identitätsbildung, mithin also zum Adoleszenzprozess. Die Schüler der Klasse 7 A versuchen, individuelle Antworten auf diese Frage zu geben. Dies zeigt bereits, dass es eine allgemeingültige Bedeutung, einen für alle Menschen gleichermaßen anzunehmenden Lebenssinn, nicht gibt.

Suche nach individuellen Antworten

Die Schüler sammeln ihre individuellen Antworten im „Berg aus Bedeutung“ (s. Schaubild S. 78). Das Ausmaß des Widerstands, mit dem sich die Jugendlichen jeweils von den für sie wichtigen Dingen trennen, zeigt das Ausmaß der Bedeutung an. Die Bereiche, in denen jeweils Sinnantworten gefunden werden, sind ganz verschieden: Zunächst werden Gegenstände abgegeben, die in der Vergangenheit eine gewisse Bedeutung erlangt haben: eine Beatles-Kassette, ein Kamm, ein Gesangbuch, eine Puppe und diverse andere Objekte.

Ausmaß des Widerstands zeigt Ausmaß der Bedeutung an

Dennis ist der erste Schüler, der bei der Herausgabe seiner Lieblingsbücher zögert; wie die Angelrute, die Boxhandschuhe, das Fahrrad und der Fußball gehören diese Gegenstände zum Bereich **Hobby/Freizeit/Sport**. Der Bereich **Mode** wird durch die Ohrringe, die Sandalen und die blauen Zöpfe abgedeckt. Mit dem Hamster Klein Oskar und der Hündin Aschenputtel kommt die **Tierwelt** ins Spiel, die für Menschen ebenfalls sinngebend sein kann. Das Teleskop und die Schlange in Formalin können für die **Wissenschaft** stehen, während die Flagge das **Vaterland/Heimat** symbolisiert.

---

33 Vgl. ebd.

„BERG AUS BEDEUTUNG"

88 | rechter Zeigefinger | Jan-Johan | Rosa

84 | Kopf der Hündin Aschenputtel | Rosa | Kai

75 | Jesus am Kreuz | Kai | Sofie

72 | Sofies Unschuld | Sofie | Hans

70 | neongelbes Fahrrad | Hans | Hussein

68 | Gebetsteppich | Hussein | Marie-Ursula

66 | blaue Zöpfe | Marie-Ursula | Elise

45 | Leichnam von Elises Bruder | Elise | Ole

44 | rote Boxhandschuhe | Ole | Henrik

40 | Schlange in Formalin | Henrik | Ingrid

40 | neue Krücken | Ingrid | Anna-Li

39 | Adoptionsurkunde | Anna-Li | Dame Werner

38 | Tagebuch | Dame Werner | Frederik

36 | dänische Flagge | Frederik | Maike

36 | Teleskop | Maike | Gerda

33 | Hamster Klein Oskar | Gerda | Agnes

29 | grüne Sandalen | Agnes | Gerda/Laura

28 | afrikanische Papageienohrringe | Laura | Richard

28 | schwarzer Fußball | Richard | Sebastian

28 | Angelrute | Sebastian | Dennis

28 | *Dungeons&Dragons*-Bücher | Dennis | Ole

27 | Porzellanhunde, Fotografien, Spielzeug, Brautstraußrose | Bürger des Ortes | Schüler der 7A

26 | alte Puppe mit abgebissenem Kopf | Elise | freiwillig

26 | altes Gesangbuch | Kai | freiwillig

26 | hellroter Perlmuttkamm | Marie-Ursula | freiwillig

26 | Beatles-Kassette ohne Ton | Jan-Johan | freiwillig

Seite | Element für den „Berg aus Bedeutung" | gebracht von | gefordert von

Mit dem Tagebuch wird der persönliche Bereich genauso wie die **literarische Kreativität** angesprochen, die Adoptionsurkunde, aber auch der Leichnam von Elises Bruder öffnen das Feld in die **Familie** hinein. Die Krücken stehen für den Bereich der **Gesundheit**. Der Gebetsteppich und Jesus am Kreuz weisen auf die **Religion** hin, die für viele Menschen sinnstiftend wirkt, Sofies Unschuld steht für den Bereich der **Sexualität**. Der Zeigefinger, den Jan-Johan nur widerstrebend abtrennen lassen will, symbolisiert die **Berufswelt**, in die Menschen ihre Interessen und Begabungen einbringen und aus der sie eine Sinnbestätigung erhalten können.

Der Berg aus Bedeutung symbolisiert viele Lebensbereiche

Alle diese Bereiche – Hobby/Freizeit/Sport, Mode, Tierwelt, Wissenschaft, Vaterland/Heimat, literarische Kreativität, Familie, Gesundheit, Religion, Sexualität, Berufswelt – sind in dem Berg aus Bedeutung präsent, es sind allesamt Bereiche, aus denen Menschen Sinnangebote beziehen und die für Menschen von Bedeutung sein können.

Der Umstand, dass der Berg aus Bedeutung am Ende an ein Museum verkauft werden soll, erschließt den Bereich **Geld**, der ebenfalls für viele Menschen sehr bedeutsam ist. Pierre Anthon und Sofie vertreten die Ansicht, dass Dinge, die tatsächlich eine Bedeutung besitzen, nicht verkauft werden können; dramaturgisch bedeutet diese These die Zuspitzung des Konflikts und letztendlich den Gewaltausbruch mit Todesfolge. Die Plausibilität dieser These lässt sich aber durchaus anzweifeln, da zum einen nicht davon ausgegangen werden kann, dass es stets nur einen Bereich gibt, der als sinnerfüllend angesehen wird, sondern dass es in Abstufungen durchaus mehrere Bereiche sein können: Sinnerfüllung in sportlicher Leistung, aber auch in Beruf und Familie zu finden, ist nichts Außergewöhnliches, und dass bedeutungsvolle Dinge auch verkauft werden können, bedeutet keineswegs, sich der Macht des Geldes zu unterwerfen. Vielmehr muss jeder Mensch für sich selbst diese Entscheidung treffen, in welchen Bereichen beispielsweise das Geld keine Rolle spielen darf.

Haltung des Alles-oder-Nichts

Die Haltung, die Pierre Anthon und Sofie vertreten, mag daher eine für Heranwachsende typische Haltung des Alles-oder-Nichts sein, die Radikalität als einzig gangbaren Konfliktlösungsweg anerkennt, um keine Kompromisse eingehen zu müssen.

Mord an Pierre Anthon als „Mord" an der Infragestellung von Sinn

Nachvollziehbar sind zudem die Aggressionen, die während der „Bauphase" des Bergs aus Bedeutung entstehen, zumal auf Pierre Anthon, der der Verursacher des Konflikts ist. Dennoch erscheint der gemeinschaftliche Mord unplausibel motiviert und unrealistisch (wie das komplette Versagen der für die Erziehung der Jugendlichen Verantwortlichen). Der Mord steht eher symbolisch dafür, dass die Jugendlichen die Phase der Infragestellung der Sinnhaftigkeit hinter sich lassen müssen, wenn sie ein mit Sinn erfülltes Leben führen wollen. Der Mord wäre dann zu interpretieren als der „Mord" an der Infragestellung von Sinn. Sofie ist das Beispiel für einen Menschen, der an der Sinnfindung scheitert; die Ich-Erzählerin Agnes dagegen betont, etwas gefunden zu haben, was von Bedeutung ist (vgl. S. 140).

Pierre Anthon: flach gezeichneter Charakter

Eine Schwäche des Romans liegt möglicherweise in der Parabelstruktur und der damit verbundenen Abstrahierung des Problems. Ein Grund für die anfängliche Ablehnung des Romans durch die Öffentlichkeit ist wohl auch der Verzicht auf positive Sinnangebote und die Brutalität der Handlung. Pierre Anthon ist darüber hinaus als flacher Charakter gezeichnet, der außer einem „Alles ist sinnlos" kaum etwas anderes artikulieren kann. Dabei hätte er auch als Leugner metaphysischer Sinngebungsinstanzen Möglichkeiten, Sinnantworten aus einer existenzialistischen Position heraus zu beziehen: Da dem Schicksal (oder einer Gottheit) nicht mehr vertraut werden kann, liegen die Ursachen für die Umstände, in denen der Mensch lebt und die ihn treffen, bei ihm selbst. Diese Position hat

Folgen für die Beantwortung der Sinnfrage, da der Mensch dann auf sich selbst und die Dauer seiner eigenen Existenz verwiesen ist:

> „Das Leben braucht keinen Sinn, um gelebt zu werden; je weniger Sinn es hat, umso besser wird es gelebt. (...) Die Gegenwart und die Folge der Augenblicke vor einer hellsichtigen Seele sind das Ideal des absurden Menschen. Nur diese Zeit meines Lebens gilt. (...) Es gibt für dieses absurde Leben keine ethischen Grundsätze, sondern nur die Inspiration aus lebendigen Vorbildern: der Liebende im Stile Don Juans, der Schauspieler, der Abenteurer."[34]

Der Mensch ist für sein Leben selbst verantwortlich

Die existenzialistische Konsequenz der Leugnung metaphysischer Instanzen ist, dass der Mensch die Verantwortung für sein Leben übernimmt und grundlegende ethische Prinzipien selbst definieren muss. Schon Johann Gottfried Herder (1744–1803) sieht die Humanität als eine Haltung an, die dem Menschen zwar angeboren ist, die er aber im Laufe seines Lebens entwickeln muss (Stichwort: „Verantwortung des Menschen"):

> „Humanität ist der Charakter unseres Geschlechts; er ist uns aber nur in Anlagen angeboren, und muss uns eigentlich angebildet werden (...). Jeder einzelne Mensch trägt also wie in der Gestalt seines Körpers, so auch in den Anlagen seiner Seele das Element, zu welchem er gebildet ist und sich selbst ausbilden soll, in sich."[35]

---

34 Richter 2006, S. 131.
35 Herder 1998, S. 313.

Humanes Handeln, das nicht religiös begründet wird, muss erlernt werden. Der Vorteil dieser Haltung ist, dass man – wie der Sisyphos[36] von Albert Camus – den Umgang mit der Sinnfrage als eine rein menschliche Angelegenheit betrachten kann; Glück und Lebenssinn erfährt der Mensch in der Zuwendung zu anderen Menschen als einem Ausdruck der dem Menschen innewohnenden Anlage zur Humanität.

Nihilistische und existenzialistische Positionen

Diese Position entspricht nicht der radikalen Ablehnung von Pierre Anthon; die nihilistische wie die existenzialistische Position gehen aber beide von der Sinnlosigkeit des menschlichen Lebens aus: Während der Nihilist in der Radikalität der Ablehnung bleibt, übernimmt der Existenzialist eine ethische Verantwortung für seine Mitmenschen.

Der Schluss des Romans

Wenn der Roman ein „Märchen voller Hoffnung und Licht"[37] sein soll, wie Janne Teller es ausdrückt, dann wären solche positiven Anknüpfungspunkte innerhalb des Texte sinnvoll. Die beiden Schlusssätze mit der an Pierre Anthon gerichteten Warnung, dass man mit der Bedeutung nicht „spaßen" solle (vgl. S. 140), erscheinen unangemessen, da an keiner Stelle im Text die Rede davon war, dass es Pierre Anthon nicht ernst gewesen sei. Und selbst wenn man die Bemerkung „nicht spaßen" als Hinweis auf die existenzielle Bedeutung der Sinnfrage verstehen kann, bleibt am Ende die Frage offen, wie die Jugendlichen die Problematik für sich geklärt haben: Dass Sofie in der Psychiatrie landet und Agnes die Asche als bedeutungsvoll ansieht, ist wenig überzeugend. Möglicherweise ist es die Intention der Autorin, den Roman mit dieser Offenheit zu beenden, damit individuelle Deutungsprozesse um Sinngebungsinstanzen angeregt werden.

---

36 Vgl. dazu auch den ausführlicheren Auszug aus Camus' Essay im Kapitel 5 auf S. 91 f. dieser Erläuterung.

37 Teller 2013, S. 112.

4. REZEPTIONSGESCHICHTE

ZUSAMMEN-FASSUNG

Nach seinem Erscheinen wurde der Roman *Nichts* in Dänemark sehr kontrovers diskutiert und teilweise als Schullektüre untersagt. Gerade auch dadurch erlangte das Buch einen großen Bekanntheitsgrad. Positiv wird hervorgehoben, dass der Roman sich mit der Frage nach dem Sinn des Lebens auseinandersetzt, die Jugendliche beschäftigt. Negative Kritiken beziehen sich in erster Linie auf die plakativen Gewaltbeschreibungen.

Kontroverse Diskussion

Nachdem Janne Teller das Manuskript beim Verlag abgegeben hatte, verzögerte sich die Publikation zunächst, weil der Verlag manche Beschreibung von Gewalt als problematisch für ein Kinder- und Jugendbuch kritisierte. Nach dem Erscheinen des Romans im Jahr 2000 wurde es in Dänemark äußerst kontrovers diskutiert, in zahlreichen Schulen wurde es als Lektüre aus pädagogischen Gründen sogar untersagt. Doch diese kontroverse Diskussion unterstützte die schnelle Verbreitung des Buches und einen schnell wachsenden Bekanntheitsgrad. Bereits im Jahr 2001 erhielt es den Preis des dänischen Kulturministeriums für das bestes Kinder- und Jugendbuch, weitere internationale Auszeichnungen folgten: 2008 erhielt es den *Prix Libbylit* (Belgien) als bestes Kinder- und Jugendbuch, 2010 wurde es in die Liste *Die schönsten deutschen Bücher* in der Kategorie „Kinderbücher und Jugendbücher“ (Stiftung Buchkunst) aufgenommen, 2011 wurde Teller der *Mildred. L. Batchelder Honor Award* (USA) verliehen und der Roman wurde für den *Deutschen Jugendliteraturpreis* in der Kategorie „Preis der Jugendjury“ nominiert.

Adaption für Theater und Oper

Als *Nichts* im Jahr 2010 in Deutschland erschien, war es in weitere 12 Sprachen übersetzt worden, im Jahr 2019 liegt das Buch bereits in 26 verschiedenen Sprachen vor[38] – diese Tatsache belegt eindrucksvoll den enormen Erfolg des Buches. Der Roman wurde in sehr vielen europäischen Ländern auch für die Theaterbühne inszeniert, die deutschsprachige Erstaufführung fand 2011 am Düsseldorfer Schauspielhaus unter der Regie von Marco Storman statt (deutsche Textbearbeitung: Andreas Erdmann); das Schauspiel Essen hatte es in der Saison 2012/2013 auf dem Spielplan. 47 verschiedenen Inszenierungen an deutschen Theatern seit 2011 spiegeln das große Interesse vor allem in Deutschland wider.[39] Der britische Komponist David Bruce adaptierte Tellers Roman als Oper, die 2016 Premiere hatte.

Positiv: Philosophische Auseinandersetzung über den Lebenssinn

Janne Teller selbst bietet auf ihrer Webseite eine Sammlung von Auszügen aus Rezensionen an, die sich allesamt lobend über das Buch äußern. Solche Wertschätzungen beziehen sich im Wesentlichen auf das Argument, dass es als eine wichtige philosophische Auseinandersetzung über den Lebenssinn anerkannt wird, die Jugendliche nachvollziehen können. Manche Rezensionen stellen die Thematisierung von Jugendgewalt in den Vordergrund, der *Tagesspiegel*[40] beispielsweise sieht in dem Roman eine Parabel für den Weg, den Fanatiker beschreiten, wenn sie radikalisiert werden.

Negativ: Gewaltbeschreibungen

Bei so viel Lob sind naturgemäß die kritischen Stimmen besonders interessant: Die *Frankfurter Allgemeine Zeitung* beispielsweise stellt die Frage, ob die Ästhetik von Gewalt notwendig sei: „Kann

---

38 Angabe lt. Website von Janne Teller (http://www.janneteller.dk/?Deutsch___Nichts%2C_was_im_Leben%26nbsp%3B...; Stand April 2019).

39 Vgl. ebd. (http://janneteller.dk/?THEATRE___Nothing; Stand April 2019).

40 Schwab 2010. Einen Auszug dieser Rezension kann im Kapitel 5 auf S. 95 f. dieser Erläuterung nachlesen.

nur dann etwas von Bedeutung sein, wenn der jugendliche Leser starke Eindrücke erfährt?“[41]

Auch die Leser, die das Buch bei Amazon kommentieren[42], äußern sich kontrovers. Von 320 Kundenrezensionen, die bei Redaktionsschluss (April 2019) abgegeben waren, vergaben 58 % der Leser vier oder fünf Sterne, der Rest vergab einen, zwei oder drei Sterne, wobei es bemerkenswert ist, dass ein Fünftel der Leser nur einen Stern vergab. Die negativen Kommentare argumentieren ebenfalls mit den als überzogen empfundenen Gewaltbeschreibungen und mit der Unglaubwürdigkeit, sie kritisieren den fehlenden Lesegenuss. Positive Kommentare heben gerade die Radikalität der Beschreibung hervor und dass das Buch zum Nachdenken über den Sinn des Lebens anrege.

Diese kontroverse Diskussion auf Amazon.de bildet die ambivalente Rezeptionsgeschichte beispielhaft ab. Die Tatsache, dass ein literarisches Werk eine derartige Diskussion auszulösen vermag, zeigt, dass Literatur auch in der heutigen Zeit eine wichtige Funktion in gesellschaftlichen Diskursen einnehmen kann; wenn seine Leser in der Besprechung die Freiheit einer eigenen, begründeten Position haben, kann sich die Lektüre auch im Deutschunterricht als fruchtbar erweisen.

---

41 Strobel 2010. Einen Auszug dieser Rezension kann im Kapitel 5 auf S. 96 f. dieser Erläuterung nachlesen.

42 https://www.amazon.de/product-reviews/3423625171/ref=cm_cr_getr_d_show_all?ie=UTF8&showViewpoints=0&pageNumber=1&reviewerType=all_reviews (Stand April 2019).

5. MATERIALIEN

Definition „Adoleszenzliteratur"

18. Jh.: Generationskonflikte und Jungsein

Um 1900: Jugend als Stadium fragiler Identität

Nach 1945: Protest gegen Rollenzuweisungen

„Adoleszenzliteratur, [lat. *adulescentia* = Jugend], Texte, in denen die physiologischen, psychologischen und soziologischen Aspekte des Heranwachsens, zumeist zwischen dem 12. und 18. Lebensjahr, thematisiert werden. Bereits im 18. Jh. treten mit Goethes *Die Leiden des jungen Werthers*, einzelnen Dramen des Sturm und Drang und Moritz' *Anton Reiser* Texte auf, in denen die Konsequenzen der Auflösung ständischer Vergesellschaftung und die Folgen für individualisierte Lebensläufe beschrieben werden: Generationskonflikte und Jungsein als selbstgestaltete Lebensphase mit Risiken wie Entwicklungspotentialen zugleich; Autobiografie und Bildungsroman greifen verwandte Probleme sozialen Wandels und kultureller Neudefinition von Lebensphasen auf. Eine deutliche Umakzentuierung bringt die A. um 1900 mit Texten wie F. Wedekinds *Frühlings Erwachen*, H. Hesses *Unterm Rad* und R. Musils *Die Verwirrungen des Zöglings Törleß*. Die zumeist männlichen Protagonisten scheitern an den Anforderungen ihrer Erzieher, Jugend erscheint als Stadium fragiler Identität und einer von Elternhaus und Schule nur unzureichend berücksichtigten Krise; allenfalls die Freundschaft mit Gleichaltrigen bietet ein Refugium. Nach 1945 wird mit J. D. Salingers *The Catcher in the Rye* eine A. etabliert, die gegen die unbefragte Rollenzuweisungen und standardisierte Lebensläufe protestiert. Die moderne A., die vielfach der Jugendlit. (Kinder- und Jugendlit.) zugerechnet werden kann, kennt – auch am Beispiel weiblicher Protagonistinnen – radikalen Protest und ‚Ausstieg' (Plenzdorf: *Die neuen Leiden des jungen W.*) ebenso wie die Entdramatisierung des Generationenkonflikts, die Normalisierung der Spannung zwischen individuellem Anspruch und sozialen Realitäten und eine Vielfalt von Subjektkonzeptionen. Jungsein wird als generationsübergreifender gesellschaftlicher Imperativ gezeigt, Sinnperspektiven und zielgerichtete Lebensplanung erweisen sich als Ausnahmen (Z. Jenny: *Das Blütenstaubzimmer*)."[43]

Definition „Parabel"

„Parabel (griech. *parabole* = Vergleichung, Gleichnis), lehrhafte Erzählung, die e. allg. sittl. Wahrheit oder Erkenntnis durch e. analogen Vergleich, also Analogieschluss, aus e. anderen Vorstellungsbereich erhellt, der nicht ein in allen Einzelheiten unmittelbar übereinstimmendes Beispiel gibt wie die Fabel, sondern nur in einen Vergleichspunkt mit dem Objekt übereinstimmt, und die im Ggs. zum allgemeingültigen Regelfall im Gleichnis keine direkte Verknüpfung (so: wie) mit dem zu erläuternden Objekt enthält, wenngleich sie das Beziehungsfeld erkennen lässt, sondern vom Gegenstand abgelöst zur selbstständigen Erzählung e. prägnanten Einzelfalls in bildhafter Anschaulichkeit wird. Besonders in buddhist. und hebr. Lit. häufig; am berühmtesten die P.n des NT. (Verlorener Sohn) und die des Menenius Agrippa (Livius II, 33), die das Verhältnis von Senatoren und Bürgern im Staat durch die P. vom Magen und den Gliedern erläutert; dt. P.n. von Lessing, Herder, Goethe, Rückert und Krummacher. Vgl. auch Lessings P. von den 3 Ringen (*Nathan* III, 7) nach Boccaccio und Schillers P. im *Fiesko* 11, 8."[44]

---

43 Kolk 2007, S. 5 f.
44 von Wilpert 1989, S. 655.

Definition „Nihilismus"

„1. Der N. ist eine Lehre, welche – sei es die theoretische, sei es die praktische – Erkenntnis prinzipiell negiert oder auch die Existenz von Seiendem überhaupt leugnet. (…) Heute versteht man unter N. bes. den von Nietzsche beschriebenen moralischen N., der in einer vollkommenen Ratlosigkeit vor der Frage nach Sinn und Ziel des Lebens und nach den höchsten Werten des Verhaltens besteht.

2. Die ausführlichste zusammenhängende Darstellung von Nietzsches N. findet sich in seinem nachgelassenen Werk *Der Wille zur Macht* (1908), dessen 1. Buch *Der europäische N.* überschrieben ist. (…) N. bedeutet für ihn, ‚dass die obersten Werte sich entwerten', dass ‚das Ziel fehlt, die Antwort auf das ›Warum?‹'. In diesem Selbstzersetzungsprozess der tradierten europäischen Werte sieht Nietzsche insofern einen positiven Aspekt, als es der Wert der Wahrhaftigkeit ist, der, vom Christentum selbst propagiert, sich nun gegen die ‚Falschheit und Verlogenheit aller christlichen Welt- und Geschichtsdeutung' durchsetzt. Er ist ihm daher einerseits ein ‚Zeichen der gesteigerten Macht des Geistes', der sich souverän von allen hemmenden Bedingtheiten überkommener Wertsysteme emanzipiert. Zugleich erscheint er ihm jedoch auch als ‚Niedergang der Macht des Geistes', als die Ohnmacht, selbst unbedingte Werte zu setzen und ihre Befolgung zu fordern."[45]

---

45 Fetscher 1986, Sp. 1481.

Die „Theodizee"-Frage

Frage nach der Rechtfertigung Gottes angesichts des in der Welt herrschenden Leides („Theodizee"):

„Rechtfertigung Gottes"

„Das Th.problem zeigt, dass der Glaube von metaphysischen Reflexionen schwer lösbar ist. Es ist die Frage nach der ‚Rechtfertigung Gottes': Wie lässt sich angesichts der Übel in der Welt, angesichts vorzeitigen Todes, unaufhebbarer sozialer Misere, unheilbarer körperlicher und geistiger Entartungen und ungehemmter Bösartigkeiten noch von einer göttlichen Allmacht und Weisheit, von der Güte des Schöpfers und der Schöpfung, von einer Einheit der Welt und von einer moralischen Weltordnung reden? Es ist eine ins Rationale transponierte Zweifelsfrage, die nach einem Ausgleich von Gottesglaube und Welterfahrung begehrt. Die Erfahrung des Bösen, des Übels und des Leidens bereitet der Ratio eine Anfechtung, denn das sittliche Bewusstsein, das sich in einer zweckmäßigen Bestimmtheit der Welt und des Einzellebens bestätigt sehen möchte, befindet sich im Widerstreit mit der Erfahrung scheinbar ‚sinnloser' Schicksale und unbegründbaren Leidens. (...)

Zweifelsfrage

Eine der Lösungen, die sich immer der metaphysischen Spekulation anbieten, ergibt sich verhältnismäßig leicht unter der Voraussetzung einer dualistischen Weltansicht. Ob nun bei dem Kampf beider Prinzipien schließlich mit einem Sieg des guten über das böse Prinzip gerechnet werden mag oder nicht, das spielt in unserem Zusammenhang keine Rolle. Entscheidend ist, dass im Sinne solcher dualistischer Systeme das Übel in der Welt und das an seiner Verursachung wirkende Böse dem guten Prinzip, also Gott, nicht aufgelastet werden können. (...)

Kosmologische Frage

Das eigentliche Feld des Widerspruchs, des Zweifels, der Anfechtung durch das Übel ist der leidende Mensch, es ist die geistige, bewusste Individualität, die hier ihre Not in Gestalt einer kosmologischen Frage ausspricht. Diese Frage wird aber nur dann zu einer echten Frage, wenn es die Frage des Menschen in seiner Subjektivität bleibt, wenn also ihr unmittelbarer religiöser Charakter zurückgewonnen wird (…). In dieser Zurücknahme der Fragestellung liegt nicht nur ein Verzicht auf weitreichende metaphysische Erklärungen, sondern mehr noch eine Beugung vor dem Deus absconditus. Sie verweist den Glauben in doppeltem Sinne auf sein Eigenstes. (…) Vollzieht sich doch Gottes eigentliche Erlösungstat durch das unschuldige Leiden Jesu Christi am Kreuz. Der böse Wille der Menschen, die falsche Gerechtigkeit, die Christus ans Kreuz bringt, wird zum Werkzeug unseres Heils. Das tiefste Dunkel seines Leidens und Sterbens öffnet uns die Tür zu Gottes Reich. Hier verbietet sich die Rede von einem ungerechten, sinnlosen Leiden. Im Blick auf das Kreuz bekommt auch unser menschliches Leiden einen – weltanschaulich freilich nicht mehr verrechenbaren – Sinn."[46]

Sinnfrage und Wissenschaft

Frage nach dem „Woher"

„Natürlich hatte der Fortschrittsglaube, basierend auf dem Determinismus, im 19. Jahrhundert Auswirkungen auf die Beantwortung der Sinnfrage; Die Frage nach dem ‚Woher' konnte beantwortet werden mit der ‚ersten Ursache', einer initialen Schöpfung, mit der die Welt auf die Schienen gesetzt wird, und von da an ihren unausweichlichen, vorbestimmten – weil im Prinzip berechenbaren – Lauf nimmt. Gott wird als Auslöser oder Startknopfdrücker akzeptiert, nicht mehr. Eine andere Antwort auf die Frage ‚Woher' ergab sich aus der Astronomie zu Beginn unseres Jahrhunderts. Sie zeichnete das Bild eines unveränderlichen, ewigen Kosmos, wobei jede Art

---

46 Trillhaas 1986, S. 743–746.

von Entwicklung – auch die des Lebens auf der Erde – als lokales, unbedeutendes peripheres Phänomen betrachtet wurde.

Frage nach dem „Wohin"

Die Frage nach dem ‚Wohin' wurde von der Physik ebenfalls beantwortet. Einer der sogenannten ‚Hauptsätze der Thermodynamik' postuliert die permanente Zunahme der Entropie in der Welt, d. h., den unausweichlichen Zerfall geordneter Strukturen, das Versiegen der Energieflüsse, die Strukturen erst aufbauen. Alles muss danach kalt, öde und tot werden. Erkaltete Sonnen ziehen durch das immer weiter expandierende Universum, aber niemand ist mehr da, der sie wahrnehmen könnte. Solche Bilder führen notwendigerweise zu der Frage nach dem ‚Warum': Warum und wozu sind wir hier? Warum, wozu gibt es die ‚Veranstaltung Universum'? Vor dem Hintergrund des Determinismus kann die Antwort fatalistisch sein; aber auch egoistisch (‚Genuss sofort') oder altruistisch. Wissenschaftliche Erkenntnisse geben auch hier keine direkten, eindeutigen Antworten auf Sinnfragen. So kann der naturwissenschaftlich mögliche ‚Kältetod' der Welt, die immanente Sinnlosigkeit der Welt- und Menschgeschichte, auch im Angesicht der im Prinzip noch vor uns liegenden vielen Milliarden Jahren, zu allen möglichen persönlichen Sinnantworten führen."[47]

Frage nach dem „Warum"

Albert Camus: *Der Mythos von Sisyphos*

Auszug aus Albert Camus' (1913–1960) philosophischem Essay *Der Mythos von Sisyphos* (1942):

„Es gibt kein Schicksal, das durch Verachtung nicht überwunden werden kann. (...) Darin besteht die ganz verschwiegene Freude des Sisyphos. Sein Schicksal gehört ihm. Sein Fels ist seine Sache.

„Es gibt kein Schicksal, das durch Verachtung nicht überwunden werden kann."

---

47 Hemminger 1993, S. 167 f.

Ebenso lässt der absurde Mensch, wenn er seine Qual bedenkt, alle Götzenbilder schweigen. Im Universum, das plötzlich wieder seinem Schweigen anheimgegeben ist, werden die tausend kleinen, höchst verwunderten Stimmen der Erde laut. Unbewusste, heimliche Rufe, Aufforderungen aller Gesichter bilden die unerlässliche Kehrseite und den Preis des Sieges. Ohne Schatten gibt es kein Licht; man muss auch die Nacht kennenlernen. Der absurde Mensch sagt Ja, und seine Mühsal hat kein Ende mehr. Wenn es ein persönliches Geschick gibt, dann gibt es kein übergeordnetes Schicksal oder zumindest nur eins, das er unheilvoll und verächtlich findet. Darüber hinaus weiß er sich als Herr seiner Zeit. Gerade in diesem Augenblick, in dem der Mensch sich wieder seinem Leben zuwendet (ein Sisyphos, der zu seinem Stein zurückkehrt), bei dieser leichten Drehung betrachtet er die Reihe unzusammenhängender Taten, die sein Schicksal werden, seine ureigene Schöpfung, die in seiner Erinnerung geeint ist und durch den Tod alsbald besiegelt wird. Überzeugt von dem rein menschlichen Ursprung alles Menschlichen, ist er also immer unterwegs – ein Blinder, der sehen möchte und weiß, dass die Nacht kein Ende hat."[48]

Janne Teller über ihre Kindheit

„Ich habe, was ungewöhnlich für eine Schriftstellerin ist, das Nervensystem eines Elitesoldaten. Vor ein paar Jahren ist bei einer Untersuchung herausgekommen, dass mein Herzschlag gleich bleibt, wenn ich über echte Gefahren berichte. Zum Beispiel von Überfällen, von denen ich in Afrika mehrere erlebte, als ich dort für die UNO arbeitete. Kommt das Gespräch aber auf bestimmte emotio-

---

48 Camus 1982, S. 99–101.

nale Erlebnisse, schnellt meine Pulsfrequenz in die Höhe. Das Private war für mich immer besonders gefährlich.

Meine Mutter ist paranoid. Sie fühlt sich umzingelt von Feinden. Und ihr größter Feind, das war ich.

Meine Mutter hat mir schon als Kind alles Mögliche zugetraut. Als an meinem letzten Schultag unser Gymnasium abbrannte, glaubte sie, ich hätte das Feuer gelegt. Es ist ein unbeschreibliches Gefühl, mit der Ahnung aufzuwachsen, dass einen die eigene Mutter jederzeit einen Abgrund hinunterstürzen könnte.

„Meine Schwester war meine Rettung"

Meine Schwester war meine Rettung. Pia, so heißt sie, ist dreieinhalb Jahre älter als ich und war schon als Kind sehr fürsorglich. Sie nahm für mich eine Art Mutterrolle ein, gab mir das Gefühl, liebenswert zu sein. Ich erinnere mich, dass Pia oft zu meiner Mutter sagte: ‚Lass Janne in Ruhe!' Darüber hinaus hat sie selten unmittelbar Partei für mich ergriffen. Ihr entspricht es eher, die Wogen zu glätten. Noch heute ist das so. Damals ging es ihr darum, sicherzustellen, dass es allen gut ging. Auch mit meiner Mutter.

Meine Schwester bekam wahrscheinlich gar nicht mit, wie feindselig sich unsere Mutter mir gegenüber verhielt. Ich habe mich meiner Schwester als Kind nicht anvertraut, und meine Mutter achtete darauf, dass niemand zuhörte, wenn sie beispielsweise zu mir sagte: ‚Du gehörst nicht zur Familie'. Oder: ‚Keiner will dich, Janne.' Das Perfide war, dass sich meine Mutter der übrigen Familie gegenüber freundlich gab.

Jeder hielt sie für normal, auch mein Vater. Er war Geschäftsmann, überließ meiner Mutter die Erziehung. Sie wollte, dass er kein enges Verhältnis zu mir aufbaut. Mein Vater hielt sich dran. Er machte meiner Mutter einiges recht. Ich erinnere mich gut, wie er später öfters mit meinem Bruder über unser Dach kletterte, weil meine Mutter dort Mikrofone vermutete. Da war meine Schwester aber schon ausgezogen. Sie hat jung geheiratet. (...)

Von meinem Vater hat sich meine Mutter scheiden lassen. Nachdem ich ausgezogen war, richtete sich ihr Verfolgungswahn gegen ihn und seine Firma.

Mir tut meine Mutter leid. Sie stammt aus Österreich und hatte dort als Kind schlimme Kriegserlebnisse. Aber ich bin die Falsche, um ihr zu helfen. Sie glaubt sogar, mich bekämpfen zu müssen. Einmal wandte sie sich an den dänischen Geheimdienst, weil sie mich für eine KGB-Agentin hielt. Das war so abstrus, dass endgültig klar war: Sie ist krank. Doch meine Mutter war bis heute bei keinem Psychologen. (...)"[49]

Janne Teller über ihren Roman *Nichts*

Wir haben in unseren Köpfen alle mit einem Pierre Anthon zu kämpfen

„Ja, der Tonfall von *Nichts* ist düster. Ja, das Buch hat seine rauen Passagen. Und ja, es stellt vieles infrage, was wir als gegeben und beständig erachten. Trotzdem ist es für mich ein Märchen voller Hoffnung und Licht. Ein Licht, das die Kinder in dem Buch vielleicht niemals zu erreichen vermag, die derart furchtbare Taten vollbringen, aber ein Licht indes für uns andere. Erfreulicherweise haben das auch einige Leser immer so gesehen. Vor allem junge Leser. Und *Nichts* erfuhr auf seinem Weg zusehends Unterstützung, auch wenn es Jahre dauerte. Aber wenn ich heute dies alles schreibe, ist *Nichts*, trotz aller Widerstände, in 25 Sprachen übersetzt worden, hat das Buch zahlreiche internationale Preise und Auszeichnungen bekommen. In ganz unterschiedlichen Kulturen auf der ganzen Welt wird *Nichts* von Erwachsenen und von Jugendlichen in einer derart großen Anzahl gelesen, wie ich es niemals für möglich gehalten hätte. Und in Dänemark ist es eines der am häufigsten gelesenen Bücher in den oberen Schulklassen. Aber das Wichtigste dabei ist

---

49 Nolte 2014.

mir die Bestätigung, dass wir in unseren Köpfen alle mit einem Pierre Anthon zu kämpfen haben. Jung wie alt. Wie wir ihm begegnen, sagt vielleicht etwas darüber aus, wer wir sind. Außerdem lehrte mich das Buch, dass der Ursprung für ‚Alles', den die Geschichte von *Nichts* erzählt, eine Wahrheit bereithält, die mit der Zeit über die sinnentleerten Konventionen und über die Furcht, ‚Alles' zu begegnen, siegen wird."[50]

Auszüge aus Rezensionen zum Roman *Nichts*

Die folgenden Texte bilden jeweils durch kurze, prägnante Auszüge den Hauptaspekt der Rezension ab und versuchen so die Vielgestaltigkeit der Auseinandersetzung zu dokumentieren:

Der Tagesspiegel (2010)

„Es gibt Jugendbücher, die auch Erwachsene unbedingt wahrnehmen sollten. Nicht nur, weil sie prägnanter geschrieben sind als vieles der sogenannten E-Literatur. Was ist es, das Janne Tellers Roman *Nichts* aus dem Jahr 2000 so provokant macht, dass er in Dänemark zunächst vehement abgelehnt, dann aber begeistert gefeiert wurde? Dass er in dortigen Schulen immer noch mit spitzen Fingern angefasst wird, während er nun endlich auf Deutsch erscheint? Zunächst die Tatsache, dass die zentrale Figur, der Junge Pierre Anthon, konsequent existenzialistische Thesen vertritt. Dass es am Schluss so aussieht, als habe er Recht behalten, macht die Sache noch schlimmer. (...)

„ein Stück großartiger Literatur"

Nichts ist kein realistischer Roman. Der ‚Berg der Bedeutung' oder Pierre Anthons Pflaumenbaumleben wollen eher als Bilder oder Symbole verstanden sein. Das Buch erschüttert einen wie an-

---

50 Teller 2013, S. 112.

dere große Jugendromane vor allem dadurch, dass das Erzählte nicht unbedingt wahrscheinlich, aber denkbar ist. Egal, ob man ihn als philosophische, psychologische oder soziologische Studie liest, oder einfach als ein Stück großartiger Literatur – unberührt wird ihn niemand aus der Hand legen.

„erschütternd, aber nicht unzumutbar"

Wer meint, dieser nach langen Jahren der Ablehnung mittlerweile in 13 Sprachen übersetzte Bestseller der 1964 geborenen Dänin Janne Teller sei nichts für Jugendliche, täuscht sich. Er ist erschütternd, aber nicht unzumutbar – eine spannende Parabel über die Faszination der Grausamkeit, über die Verführung durch eine Gruppe, über die Entstehung von Fanatismus und die falsche Suche nach dem richtigen Leben."[51]

Frankfurter Allgemeine Zeitung (2010)

„Um ihren nihilistischen Mitschüler zu überzeugen, opfern die Kinder in Janne Tellers *Nichts* das, was ihnen am meisten bedeutet. Der Roman ist das meistdiskutierte Jugendbuch der Saison. Auch, weil er mehr fragt, als Antworten gibt. (...)

Dem Leser wird der Sinn der Erzählung plakativ an den Kopf geknallt

Doch zwischen dem glänzenden Auftakt und dem überzeugenden Schlussteil hängt die Parabel an der Passage durch, wo der ‚Berg aus Bedeutung' zusammengetragen wird. Sie wirkt stumpf, da die immer monströser werdenden Scheußlichkeiten dem Leser den Sinn der Erzählung geradezu plakativ an den Kopf zu knallen suchen. Sind es zunächst nur die geliebten grünen Sandalen, soll später ein Mädchen seine Unschuld opfern, muss dann die Leiche eines Kindes auf dem Friedhof ausgegraben und eine vom Kreuz genommene Jesusfigur von einem Hund mit Kot und Urin besudelt werden, dessen abgeschlagener Kopf schließlich den ‚Berg aus Bedeutung' krönt. Man fragt sich, wozu dient die Ästhetik von Gewalt

Wozu dient Ästhetisierung von Gewalt?

---

51 Schwab 2010.

und Ekel? Kann nur dann etwas von Bedeutung sein, wenn der jugendliche Leser starke Eindrücke erfährt?

Andererseits geht es Janne Teller in ihrer Parabel offensichtlich auch darum, Jugendlichen Eigentümlichkeiten und Folgen derjenigen zeitgenössischen Protestbewegungen und Ideologien ästhetisch erlebbar zu machen, die im Kampf um die absolute Bedeutung immer rücksichtsloser über andere hinweggehen und abweichende Lebensentwürfe bekämpfen. So kann Pierre Anthons ‚Nichts bedeutet etwas' auch doppelsinnig als ‚Nein' gelesen werden: zu jeder Verabsolutierung von Ideen, die ins Totalitäre abgleiten. Kein schlechter Ansatz für ein Jugendbuch."[52]

Spiegel online (2010)

„Nach vielen Jahren und verschiedenen Aufgaben bei den Vereinten Nationen war Tellers Wunsch, als Schriftstellerin zu arbeiten, so groß geworden, dass sie kündigte und ihren ersten Roman *Odins Insel* veröffentlichte. Mitte der neunziger Jahre war das. Ein Verleger rief sie an, fragte, ob sie nicht auch mal ein Kinderbuch schreiben wolle. Sie wusste nicht recht. Als sie aber kurz darauf mit ihrem Fahrrad durch Kopenhagen radelte, waren in ihrem Kopf plötzlich folgende Sätze: ‚Nichts bedeutet irgendetwas, das weiß ich seit langem. Deshalb lohnt es sich nicht, irgendetwas zu tun. Das habe ich gerade herausgefunden.' Und dazu hatte sie die Figur eines Jungen im Kopf, der sich weigert, so weiterzumachen wie bisher. (...)

Verweigerung als Schullektüre

Janne Teller hat bei unzähligen Besuchen in dänischen Schulen nicht nur mit jugendlichen Lesern gesprochen, sondern auch mit vielen Lehrern. In Dänemark ist das Buch mittlerweile in der 14. Auflage erschienen. Doch bis heute, zehn Jahre nach der ersten

---

52 Strobel 2010.

Veröffentlichung von *Nichts*, begegnen ihr noch immer Lehrer, die ihren Klassen die Lektüre verweigern.

,Dass ein Buch, das sexuell nicht besonders freizügig ist, keinen extremen Slang benutzt und weniger Brutalität enthält als jede Detektivgeschichte, in Westeuropa noch so vehement abgelehnt werden kann, ist schon interessant', sagt Teller. Das ist ein bisschen tiefgestapelt, denn Janne Teller weiß natürlich, dass die Provokation ihres Romans in dessen existenzieller Fragestellung besteht: Worin liegt der Sinn des Lebens?

Und Teller geht in *Nichts* sogar noch über diese Frage hinaus, weil sie auch davon erzählt, worin der Sinn nicht liegen kann: in Geld und Ruhm. Das ist in Zeiten von Castingshows und Modelwettbewerben wirklich provokant. (...)

Janne Teller erzählt, dass sie dieses Buch so schnell wie kein anderes geschrieben habe. Nachdem sie die ersten vier Zeilen im Kopf hatte und die Figur von Pierre Anthon, habe sich beim Schreiben eines aus dem anderen ergeben, ganz selbstverständlich, ohne Zögern. Sie hat dabei an sich selbst als Mädchen gedacht. An ihre eigenen Fragen. Als sie etwa fünf Jahre alt war, wollte sie wissen, wo der Himmel endet. Ihre ältere Schwester antwortete: ,Er endet an einer Mauer.' Nach ein paar Tagen fragte sie weiter: ,Und was ist auf der anderen Seite der Mauer?' ,Die Mauer ist sehr dick, da kommt niemand durch.' Jahrelang habe sie Alpträume gehabt, wegen der anderen Seite. ,Wahrscheinlich habe ich dieses Buch mein Leben lang in mir vorbereitet, deshalb fiel mir das Schreiben daran so leicht.'

„Eine ungewöhnliche Gedankenreise"

Janne Tellers Roman *Nichts*, der in diesen Tagen im Hanser Verlag erscheint, wird auch in Deutschland für kontroverse Diskussionen sorgen. Ist der nihilistische Pierre Anthon jugendlichen Lesern zumutbar? Die Antwort lautet: unbedingt. Die Düsternis dieses Romans gehört zur Welt von Heranwachsenden, auch wenn das vielen

Eltern nicht gefällt. Die großen Fragen existieren bereits in Kinderköpfen. *Nichts* nimmt Jungen und Mädchen mit auf eine außergewöhnliche Gedankenreise. Was kann Literatur mehr leisten?"[53]

53 Voigt 2010.

6. PRÜFUNGSAUFGABEN MIT MUSTERLÖSUNGEN

Unter www.königserläuterungen.de/download finden Sie im Internet zwei weitere Aufgaben mit Musterlösungen.

Die Zahl der Sternchen bezeichnet das Anforderungsniveau der jeweiligen Aufgabe.

Der Roman bietet eine Fülle von Anknüpfungspunkten für kreative Schreibaufgaben. Beispiele dafür könnten etwa sein:

→ *An welchem Punkt hätte der tödliche Verlauf der Handlung seine Richtung ändern können? Bestimmen Sie den Punkt und schreiben Sie die Handlung so weiter, dass sie zu einem versöhnlichen Ende führt.*
→ *Was geht Pierre Anthon durch den Kopf, als er sich dazu entscheidet, sich in den Pflaumenbaum zu setzen? Schreiben Sie seine Gedanken am ersten Schultag in Form eines inneren Monologs nieder.*
→ *Schreiben Sie einen Werbetext für den „Berg aus Bedeutung", mit dem das Museum auf die Neuerwerbung hätte aufmerksam machen und zusätzliche Besucher anziehen können.*

Wegen der Problematik der Erstellung halbwegs allgemeinverbindlicher Lösungsvorschläge für solche kreativen Aufgabenstellungen werden im Folgenden keine produktiven Aufgabenformen, sondern ausschließlich interpretierende und analysierende Aufgabenformen vorgeschlagen. Mögliche inhaltliche Bewertungsmaßstäbe für kreative Aufgaben lassen sich aber auch aus den folgenden Themenstellungen ableiten.

Aufgabe 1 *
Zur Gattung: Märchen oder Parabel?

Janne Teller bezeichnet ihren Roman als „ein Märchen voller Hoffnung und Licht."[54] Erörtern Sie die Gattungsproblematik unter Verwendung von geeigneten Textbeispielen aus dem Roman.

Mögliche Lösung in knapper Fassung:

ERÖRTERUNG

Die paratextuelle Angabe lautet „Roman" (S. 3), der Text gehört daher zur Gattung der erzählenden Literatur. Wenn die von Janne Teller vorgeschlagen Gattungsbezeichnung „Märchen" zutreffen sollte, dann müsste überprüft werden, ob eine ganze Reihe von Gattungsmerkmalen zutrifft: Typisierung, Eindimensionalität, Flächenhaftigkeit, Abstraktheit, Isolation und Sublimation, Antinomie der Figuren, formelhafte Ausgestaltung der Sprache mit Eingangs- und Schlussformeln, Zahlentypik, Kindertümlichkeit, einsträngiger Handlungsverlauf und häufig „eine dreifache Variation der Ereignisse, in deren Verlauf der anfänglich dem Mangel ausgesetzte Protagonist Erfolg und Glück gewinnt"[55].

Das Fehlen märchentypischer Merkmale wie Formelhaftigkeit, Typisierung, Eindimensionalität und die formelhafte Sprache zeigt, dass die Zuordnung zur Gattung „Märchen" nicht formal-inhaltlich plausibel gemacht werden kann. Mit der Bezeichnung „Märchen" wird Teller eher auf solche Aspekte der literarischen Realität verweisen, die nicht der empirisch-rationalen Logik, sondern eher einem fantastischen Wirklichkeitsmodell folgen; ein Element dieses eher nicht-realistischen Modells ist die Figur Pierre Anthon, deren

---

54 Teller 2013, S. 112 (vgl. dazu auch den Auszug im Kapitel 5 auf S. 94 f. dieser Erläuterung).
55 Bluhm 2007, S. 473.

Handlungen keiner Sanktionierung durch die Erwachsenenwelt unterliegen, obgleich man deren Eingriff beim offenbar fortgesetzten Fernbleiben von der Schule erwarten müsste. Auch die „Konfliktlösung" durch Ermordung des Schülers erscheint eher im nichtrealistischen Bereich angesiedelt und wird auf der abstrakten, narrativen Ebene plausibel zu machen sein (Tod von Pierre Anthon als Überwindung des Konfliktauslösers). Berücksichtigt man die typisierten und nicht-realistischen Aspekte des Romans, so erscheint die Verwendung des Begriffs „Parabel"[56] angemessener als die Verwendung des Begriffs „Märchen".

Literaturwissenschaftlich lässt sich der Roman dem Genre der modernen Adoleszenzliteratur[57] zurechnen, bestimmend für diese Zuordnung sind das Alter der Protagonisten (13 bzw. 14 Jahre alt), die verhandelten Themen (Sinnfrage) sowie die Infragestellung konsistenter Sinnperspektiven und die Betonung der Bedeutung der Sinnsuche. Die geglückte Adoleszenzphase endet traditionellerweise mit der Identitätsfindung, der Abschied von der Kindheit wird mit Todesmotiven gekoppelt (Todesmotiv im Berg aus Bedeutung: der kleine Emil, Hund Aschenputtel, Pierre Anthon). Auf dem Weg hin zur Identität findet sich meist ein markanter Einschnitt in Form eines Initiationsrituals (im vorliegenden Roman die gemeinsame Ermordung Pierre Anthons), die Todeserfahrung symbolisiert den Abschied von Kindheitsidentität, der Neubeginn mit der Erwachsenenidentität fällt zusammen mit dem Hineinwachsen in soziale Rollen.

Die Besonderheit des vorliegenden Romans besteht darin, dass die Protagonisten bei der Suche auch scheitern (z. B. Sofie). Im vorliegenden Roman spielen bürgerliche Wertvorstellungen (berufli-

---

56 Vgl. die Definition von Parabel im Kapitel 5 auf S. 87 dieser Erläuterung.
57 Vgl. die Definition von Adoleszenzliteratur im Kapitel 5 auf S. 86 f. dieser Erläuterung.

cher Erfolg, Familie) sowie Liebe/Sexualität (Sofie), Glaube (Christentum/Islam) eine Rolle. Die für andere Adoleszenzromane typische Auseinandersetzung mit gesellschaftlichen Normen findet ebenfalls statt (Verkauf des Bergs aus Bedeutung an ein Museum, Umgang mit Presse, sozialer Ruhm, Bedeutung von Geld). Im Hinblick auf die Zielgruppe bekennt Teller, dass das zu Anfang für Jugendliche zu schreibende Buch mehr und mehr ein Crossover-Roman wurde, der sowohl für jugendliche als auch für erwachsene Leser geschrieben ist.[58]

FAZIT

Als Fazit kann festgehalten werden, dass der Text als parabelhafter, moderner Adoleszenzroman klassifiziert werden kann, der Jugendliche und Erwachsene als Lesergruppen ansprechen möchte.

Aufgabe 2 *
Figurenvergleich: Jan-Johan und Sofie

a) Erarbeiten Sie Charakterisierungen der Figuren Sofie und Jan-Johan.
b) Beurteilen Sie die narrative Funktion der beiden Figuren.

Mögliche Lösung in knapper Fassung:

CHARAKTERISIERUNG

a) **Sofie**, eine der Mitschülerinnen von Agnes, ist eine der Figuren, die die Handlung entscheidend vorantreibt, gleichzeitig ist sie diejenige, die sich offenbar am intensivsten mit der Provokation auseinandersetzt: Von ihr stammt die Idee mit dem Berg aus Bedeutung (vgl. S. 24), außerdem wohnt sie in der Nähe des alten Sägewerks (vgl. S. 25), wo der Berg aus Bedeutung errichtet wird. Sie selbst ist

---

58 Gaschke 2010.

bereit, ihre Unschuld beizusteuern, allerdings verändert sich nach der Vergewaltigung durch Hans ihr Wesen, sie wirkt zunehmend kalt und unnachgiebig (vgl. S. 101). So beharrt sie darauf, dass Jan-Johan seinen Zeigefinger abgeben müsse, wenn Rosa das verlange (vgl. S. 89), und erklärt sich ohne zu zögern bereit, den Finger abzuschneiden (vgl. ebd.). Als die Schüler vom Klassenlehrer zur Rede gestellt und nach dem Grund für die Taten gefragt werden, antwortet sie, dass man in der Schule keine Antwort auf die Sinnfrage erhalten habe (vgl. S. 101).

Sofie wirkt im Verlaufe des Romans zunehmend fanatischer, sie motiviert die anderen, weiterzumachen, nachdem der öffentliche Ruhm verblasst ist. Am Tag, bevor der Berg aus Bedeutung abgeholt werden soll, macht sie ihren Mitschülern klar, dass man Bedeutung nicht verkaufen könne, ohne dass sie ihren eigentlichen Wert verliere. Sie provoziert mit ihrer Haltung die bei ihren Mitschülern angestauten Aggressionen. Die Wut, die sich entlädt, richtet sich zunächst auf diejenigen, die im Verlauf der Errichtung des Bergs aus Bedeutung dafür sorgten, dass man sich von Dingen trennen musste, die für einen selbst bedeutsam sind. Als Pierre Anthon hinzukommt und die Gruppe verhöhnt, richtet sich die allgemeine Wut auf ihn, da er als der eigentliche Verursacher der Problematik angesehen wird (vgl. S. 135). Sofie gelingt es nicht, das Erlebte eigenständig zu verarbeiten, sie wird in die Psychiatrie eingewiesen (vgl. S. 140).

Jan-Johan wird bereits zu Beginn des Romans mit dem herausragenden Merkmal beschrieben: Er spielt sehr gerne Gitarre und kann Beatles-Lieder so wiedergeben, dass man sie kaum vom Original unterscheiden kann (vgl. S. 14). Er ist der offizielle Anführer der Klasse (vgl. S. 95) und wird dieser Funktion zum Beispiel gerecht, wenn er die Karten für die Auswahl des Friedhof-Teams mischt (vgl. S. 51). Bei der Aussicht, seinen Finger zu verlieren, zeigt er sich sehr ängstlich, die Ich-Erzählerin bezeichnet sein Verhalten als „jämmerlich“ (S. 95) und Jan-Johan als „plärrende(n) Säugling“ (ebd.). Die Diskrepanz zwischen seinem Verhalten als Anführer der Klasse und seinem Verhalten in einem Moment, in dem er etwas Bedeutungsvolles verlieren soll, veranlasst die Ich-Erzählerin, über die vielfältigen Facetten der menschlichen Persönlichkeit nachzudenken (vgl. S. 95). Jan-Johan verrät die Gruppe, nachdem ihm der Zeigefinger abgetrennt worden ist (vgl. S. 99). Als die Presse auf den Berg aus Bedeutung aufmerksam wird, genießt er den Ruhm (vgl. S. 111). Wie er schließlich den Verlust seines Zeigefingers mit seinem Berufswunsch, Musiker zu werden, in Einklang bringt oder ob er seinen Berufswunsch möglicherweise aufgibt, wird nicht mehr erzählt.

NARRATIVE FUNKTION

b) Sofie und Jan-Johan sind diejenigen Figuren, die die größten persönlichen Opfer für den Berg aus Bedeutung bringen müssen. Sofie opfert ihre sexuelle Selbstbestimmung und einen wichtigen Aspekt einer zukünftigen Partnerschaft, Jan-Johan gibt mit seinem Zeigefinger die angestrebte Karriere als Gitarrist auf. Während Jan-Johan sich aber mit dem öffentlichen Ruhm trösten kann und damit zeigt, dass er im Hinblick auf die Bestimmung neuer sinnhafter Lebensinhalte flexibel ist, wird die Sinnfrage für Sofie zu einem existenziellen Problem: Das von ihr gebrachte Opfer ist offenbar derart wertvoll, dass es für Sofie undenkbar ist, in der Sinnfrage Kompromisse einzugehen bzw. neue Sinnangebote zu nutzen. Ihre geistige Auseinandersetzung ist so intensiv, dass ihre seelische Gesundheit darunter leidet und sie sich in psychiatrische Betreuung begeben muss. Sofie ist daher ein gutes Beispiel für die Warnung, die Agnes im Epilog formuliert, wenn sie erklärt, dass man sehr vorsichtig mit der Frage nach dem Sinn umgehen müsse, da die Konsequenzen der gefundenen Antwort nicht absehbar seien und die Gefahr des Scheiterns nicht ausgeschlossen werden könne, wie das Beispiel „Sofie" belegt.

Aufgabe 3 ***
Verschweigen oder besprechen: zur pädagogischen Qualität des Romans

In einem Interview formuliert Janne Teller eine persönliche Einschätzung der pädagogischen Qualität ihres Romans: „Manche Lehrer und Bibliothekare sagen: Dieses Buch ist schädlich für junge Leser, weil es ihnen jede positive Einstellung zum Leben raubt. Das sehe ich völlig anders, und glücklicherweise habe ich recht."[59]
Erörtern Sie die Einschätzung Tellers.

Mögliche Lösung in knapper Fassung:

ERÖRTERUNG

Die Aufgabe behandelt die Frage nach dem Umgang mit der „Lehre" des Romans und setzt damit voraus, dass der Roman eine Lehre hat und sich nicht im Raum der literarisch-fiktiven Mehrdeutigkeit bewegt. Insbesondere in Texten der Kinder- und Jugendliteratur kann von einer pädagogischen Intention gesprochen werden.

Im Hinblick auf die „Lehre" von *Nichts* wird von manchen Kritikern die Ansicht vertreten, dass das Buch schädlich sei, weil es keinen Optimismus vermittle. Vertreter dieser Position können auf den eskalierenden Konflikt in der Handlungsstruktur verweisen, der immer mehr Grenzüberschreitungen (Nation, Sexualität, Exhumierung des Leichnams, Kirchenschändung, Tötung eines Tieres, Amputation des Fingers) zulässt und an Brutalität gewinnt. Der kritische Leser kann mit Recht fragen, welche Grenzüberschreitung

59 Gaschke 2010.

nach der Amputation des Fingers wohl angedacht wäre, wenn Pierre Anthon noch immer nicht überzeugt gewesen wäre und die Jugendlichen nicht entdeckt worden wären. Nachdem die Jugendlichen auch vor Gewalttaten nicht zurückgeschreckt sind und sogar den Tod eines Tieres in Kauf genommen haben, könnte man vermuten, dass auf einer der nächsten Stufen auch das Leben eines Menschen gefordert würde. Diese Vermutung wird mit dem Mord an Pierre Anthon zur fiktiven Realität. Vor diesem Hintergrund ist der Position der Kritiker wohl zuzustimmen und der Handlungsverlauf insgesamt als unangemessen brutal und überzogen zu bewerten.

Kritisch lassen sich zudem manche Stellen im Roman bewerten, die Zweifel an der Plausibilität der Aussage angebracht erscheinen lassen: So überlegt die Klasse, ob eine Beschwerde über Pierre Anthon eine erfolgversprechende Maßnahme sein könnte, doch diese Idee wird abgelehnt, weil man befürchtet, dann auch die These Pierre Anthons verraten zu müssen, woraufhin die Erwachsenen versuchen könnten, die Kinder von der Sinnhaftigkeit des Lebens zu überzeugen (vgl. S. 17) – die Argumentation wirkt wenig plausibel und ist nur vor dem Hintergrund der jugendlichen Erzählperspektive zu rechtfertigen.

Das Gleiche gilt für die sich nicht zwingend ergebende Schlussfolgerung Pierre Anthons, dass es besser sei, nichts zu tun, da nichts eine Bedeutung habe; auf demselben Niveau scheinbarer Unangreifbarkeit liegt beispielsweise eine Schlussfolgerung, nach der es sich nicht zu leben lohne, da man ohnehin sterben müsse. Solche scheinlogischen Folgerungen lassen sich relativ leicht widerlegen, wenn man daran geht, den Begriff der Sinnhaftigkeit genauer zu bestimmen.

Ein weiterer und besonders schöner Fehlschluss findet sich auf S. 44, wo Pierre Anthon mit der These provoziert, dass Schule und Arbeit keine Bedeutung hätten, da man auch ohne beide freihaben könne; immerhin konzediert er – wahrscheinlich unfreiwillig – mit dieser These, dass Freizeit eine Bedeutung hat.

Weitere Schwächen in der Handlungslogik finden sich beispielsweise im Verzicht auf ein Eingreifen der Erwachsenen im Falle von Pierre Anthon und in der Tatsache, dass der eskalierende Konflikt jederzeit hätte durchbrochen werden können; die Unausweichlichkeit des Ablaufs, die bis zum Verlust eines Körperglieds führt, wirkt allzu sehr gewollt und vielfach wenig plausibel.

Diese inhaltlichen und handwerklichen Aspekte könnten durchaus Gründe sein, den pädagogischen Wert des Buches insgesamt eher negativ zu beurteilen. Vom Ende her betrachtet wird auch nicht klar, was die Schüler eigentlich gelernt haben und worin „Hoffnung und Licht"[60] bestehen sollten.

Wenn Janne Teller den Kritikern widerspricht, geht sie davon aus, dass ihr Roman somit gut für Jugendliche sei und zu einer optimistischen Haltung anrege. Rechtfertigen kann man diese Haltung, wenn man den Roman insgesamt eher parabelhaft und als literarische Gestaltung des Prozesses der Sinnsuche versteht. Der eskalierende Handlungskonflikt ist dann eher auf einer abstrakten Ebene und als Diskussion existenziell wichtiger Bereich wie Religion, Sexualität und Beruf zu verstehen, die als sinnerfüllend begriffen werden können. Eine nicht-realistische Deutung der „Ermordung" Pierre Anthons wäre dann die Deutung als symbolischer Abschluss des Sinnfindungsprozesses, die Gewalttaten insgesamt würde man bei einer solchen Lesart als ästhetische Ausdrucksmittel verstehen. Im Epilog wird auf die existenzielle Wichtigkeit der Sinnfindung verwiesen, der Roman legt nahe, dass sich Jugendliche für diesen Prozess Zeit und Geduld nehmen sollten, wenn er gelingen soll. Aus

---

60 Teller 2013, S. 112.

dieser Perspektive betrachtet kann man der Position Tellers Recht geben, dass der Roman am Ende Zuversicht vermittelt.

FAZIT

Die Argumente für beide Thesen sind plausibel und machen klar, aus welchem Grund der Roman nach seinem Erscheinen derart kontrovers diskutiert wurde. Möglicherweise sollte am Ende der individuelle Leseeindruck den Ausschlag für oder gegen eine Position geben.

Aufgabe 4 ***

Raub des Jesus am Kreuz: Einordnung, Analyse, Beurteilung

a) Ordnen Sie die Passage S. 76–83 in den Kontext des Romans ein.
b) Wie reagieren die Jugendlichen auf die von ihnen vollzogene Grenzüberschreitung?
c) Welche Lehre im Hinblick auf die Bedeutung des geraubten Gegenstands lässt sich formulieren?

Mögliche Lösung in knapper Fassung:

EINORDNUNG

a) Die Forderung, der fromme Kai müsse die Jesus-Skulptur aus der Kirche entwenden, findet sich fast am Ende der Konflikteskalation im XIV. Kapitel des Romans (vgl. S. 76–83). Zuvor hat Hans von Sofie verlangt, sie müsse ihre Unschuld abliefern (vgl. S. 72–75), was am darauffolgenden Abend geschieht. Daraufhin fordert Sofie von Kai, dass dieser eine Skulptur abliefern solle, die den gekreuzigten Jesus darstellt und die in der Kirche von Tæring aufbewahrt wird. Nach der Tat verlangt der fromme Kai den Kopf der Hündin Aschenputtel, da die Hündin die Figur Jesu eine ganze Woche lang als Ort für die Verrichtung ihrer Notdurft genutzt habe. Auf den Einwand, dass der Tod der Hündin für niemanden eine Bedeutung hätte, entgegnet

Kai, dass Rosa den Hund töten solle, da eine solche Tat für sie die größte Überwindung bedeute (vgl. S. 84–87). Rosa schließlich fordert Jan-Johans rechten Zeigefinger, nach der Amputation trifft die Polizei im alten Sägewerk ein, da Jan-Johan zu Hause von dem Vorfall berichtet hat (vgl. S. 99–108).

ANALYSE

b) Die Reaktion der Jugendlichen auf die von ihnen vollzogene Grenzüberschreitung ist unterschiedlich: Zunächst einmal wird das Team, das die Skulptur aus der Kirche rauben soll, per Kartenentscheid gelost, es besteht aus Marie-Ursula, Jan-Johan, Richard, Maike und Kai. Während die Teammitglieder den Raub äußerlich unaufgeregt begleiten, bedeutet es für den frommen Kai eine große Überwindung; als es zum eigentlichen Raub kommt, beginnt Kai zu weinen und lässt sich auch durch die anderen nicht beruhigen. Für Kai ist der Raub der Figur ein gotteslästerlicher Akt, der ihm Gewissensqualen bereitet. Doch auch die anderen Teammitglieder berichten von merkwürdigen und nicht auf Anhieb rational erklärbaren Wahrnehmungen: Marie-Ursula habe das Gefühl gehabt, ihre Hand verbrenne, als sie sie auf den Fuß Jesu gelegt habe; Jesus sei wie von Geisterhand bewegt an der Wand heruntergeglitten, obgleich man zuvor vergeblich versucht habe, ihn mit Gewalt von der Wand zu holen; die Figur ist so schwer gewesen, dass alle hätten tragen helfen müssen. Am Ende gelingt es nicht, die Skulptur unbeschadet ins Sägewerk zu transportieren, außerdem bellt die Hündin Aschenputtel die Figur laut an und uriniert sogar an die Skulptur. Dieses Verhalten löst die allgemeine Anspannung, es erheitert die Jugendlichen und der Abend klingt in ausgelassener Stimmung aus.

BEURTEILUNG

c) Für Kai, der das Epitheton „fromm" trägt, weil sein Vater bei der Inneren Mission ist (vgl. S. 16) und stets religiös argumentiert (vgl. S. 47), ist der Raub der Skulptur eine Grenzüberschreitung, die ihn nachhaltig erschüttert. Er hat Angst, wegen der Störung der Totenruhe aus der Inneren Mission ausgestoßen zu werden, am Ende bricht er in Tränen aus und bittet um Verzeihung, nachdem der Berg aus Bedeutung öffentlich geworden ist und die Schüler bestraft werden (vgl. S. 100). Den Mitgliedern des Teams, das den Raub in der Kirche durchführt, ist die Grenzüberschreitung bewusst, wie man aus den Schilderungen entnehmen kann, die eine nicht rational erklärte Wahrnehmung beinhalten. Obgleich die Ich-Erzählerin ausdrücklich erklärt, dass sie nicht an Gott glaube, sondern daran, „dass Jesus und der Herrgott nicht existierten und deshalb keine Bedeutung hatten" (S. 76), werden die übernatürlichen Wahrnehmungen während der Schändung eines kirchlich-geweihten Raumes nicht von ihr infrage gestellt. Dies lässt die Vermutung zu, dass ihr Atheismus möglicherweise nur vorgetäuscht ist und dass sie in Wirklichkeit durchaus Verständnis für die „Magie" eines geweihten Raumes hat.

LITERATUR

Zitierte Ausgabe:

Teller, Janne: *Nichts. Was im Leben wichtig ist.* Aus dem Dänischen von Sigrid C. Engeler. München: dtv, 122017.

Weitere Quelle:

Camus, Albert: *Der Mythos von Sisyphos.* Reinbek: Rowohlt, 1982.

Sekundärliteratur:

Bluhm, Lothar: *Märchen.* In: Burdorf, Dieter; Fasbender, Christoph; Moennighoff, Burkhard (Hrsg.): Metzler Lexikon Literatur. Stuttgart, Weimar: Metzler, 32007, S. 472 f.

Fetscher, Iring: *Artikel „Nihilismus".* In: Die Religion in Geschichte und Gegenwart. Handwörterbuch für Theologie und Religionswissenschaft. Bd. 4. 3., völlig neu bearbeitete Aufl. Tübingen: Mohr, 1986, Sp. 1481 f.

Gansel, Carsten: *Der Adoleszenzroman. Zwischen Moderne und Postmoderne.* In: Lange, Günter (Hrsg.): Taschenbuch der Kinder- und Jugendliteratur. Band 1. Baltmannsweiler: Schneider, 2000, S. 359–398.

Hemminger, Wolfgang: *Wissenschaft als Antwort auf Sinnfragen?* In: Evangelische Akademie Baden (Hrsg.): Gott würfelt (nicht)! Chaos, Zufall, Wissenschaft und Glaube. Karlsruhe: Verlag Ev. Presseverband für Baden, 1993, S. 163–179.

Herder, Johann Gottfried: *Briefe zur Beförderung der Humanität.* Zitiert nach: Schwoerbel, Wolfgang et al. (Hrsg.): Ethik für allgemeinbildende und berufliche Gymnasien. Klasse 11. Neubearbeitung. Köln: H. Stam, 1997, S. 312–314.

Kolk, Rainer: *Artikel „Adoleszenzliteratur".* In: Burdorf, Dieter; Fasbender, Christoph; Moennighoff, Burkhard (Hrsg.): Metzler Lexikon Literatur. Stuttgart, Weimar: Metzler, ^{3}2007, S. 5 f.

Richter, Liselotte: *Camus und die Philosophen in ihren Aussagen über das Absurde (1959).* In: Schröder, Richard; Wenzel, Catherina; Weichenhan, Michael (Hrsg.): „Nach jedem Sonnenuntergange bin ich verwundet und verwaist." Liselotte Richter zum 100. Geburtstag. Berlin: Frank & Timme, 2006, S. 129–144.

Teller, Janne: *Raus aus der Komfortzone.* In: „Göttinger Tageblatt" vom 23. 12. 2016; abrufbar unter: http://www.goettinger-tageblatt.de/Sonntag/Gastkommentar/Raus-aus-der-Komfortzone-Gastbeitrag-von-Janne-Teller (Stand April 2019). → Zitiert als ‚Teller 2016a'

Teller, Janne: *Schreiben – für den jungen Menschen in uns.* In: Krottenthaler, Erwin; Oliver, José F.A. (Hrsg.): Literatur machen. Literatur und ihre Vermittler. Dresden, Leipzig: Voland & Quist, 2013, S. 100–115.

Teller, Janne: *Last der Geschichte. Wie das deutsche Schuldgefühl die europäische Ehre rettet.* In: „Frankfurter Allgemeine Zeitung" vom 09. 05. 2016; abrufbar unter: http://www.faz.net/aktuell/feuilleton/debatten/janne-teller-zur-last-der-deutschen-geschichte-14221785.html (Stand April 2019). → Zitiert als ‚Teller 2016b'

Trillhaas, Wolfgang: *Artikel „Theodizee".* In: Die Religion in Geschichte und Gegenwart. Handwörterbuch für Theologie und Religionswissenschaft. Bd. 6. 3., völlig neu bearbeitete Aufl. Tübingen: Mohr, 1986, Sp. 739–747.

Wilpert, Gero von: *Sachwörterbuch der Literatur.* Stuttgart: Kröner, ^{7}1989.

Interviews und Rezensionen:

Gaschke, Susanne: *„Lehrer sagten, dieses Buch sei schädlich".* Interview mit Janne Teller. In: „Die Zeit" vom 05. 08. 2010; abrufbar unter: https://www.zeit.de/kultur/literatur/2010-08/janne-teller/komplettansicht (Stand April 2019).

Klaus, Saskia; Bartsch, Ilka: *Interview mit Janne Teller*. In: „Die blaue Seite" [2011]; abrufbar unter: https://die-blaue-seite.de/interview-mit-janne-teller (Stand April 2019).

Nolte, Barbara: *Schriftstellerin Janne Teller. Meine Schwester, meine Rettung.* In: „Der Tagesspiegel" vom 17. 09. 2014; abrufbar unter: https://www.tagesspiegel.de/gesellschaft/schriftstellerin-janne-teller-meine-schwester-meine-rettung/10694812-all.html (Stand April 2019).

Schwab, Sylvia: *Schule der Grausamkeit. Die Dänin Janne Teller hat ihren existenzialistischen Jugendroman „Nichts" einfach und genial konstruiert.* In: „Der Tagesspiegel" vom 19. 10. 2010; abrufbar unter: https://www.tagesspiegel.de/kultur/jugendroman-nichts-schule-der-grausamkeit/1960444.html (Stand April 2019).

Strobel, Heidi: *Janne Tellers Jugendroman „Nichts. Was im Leben wichtig ist". Der Nihilist im Pflaumenbaum.* In: „Frankfurter Allgemeine Zeitung" vom 02. 10. 2010; abrufbar unter: https://www.faz.net/aktuell/feuilleton/buecher/rezensionen/kinderbuch/janne-tellers-jugendroman-nichts-was-im-leben-wichtig-ist-der-nihilist-im-pflaumenbaum-1612950.html (Stand April 2019).

Voigt, Claudia: *Umstrittener Jugendroman. Verführung zum Nihilismus*. In: „Spiegel online" vom 26. 07. 2010; abrufbar unter: http://www.spiegel.de/kultur/literatur/umstrittener-jugendroman-verfuehrung-zum-nihilismus-a-709274.html (Stand April 2019).

Theaterstück:

Nichts. Was im Leben wichtig ist. Bearbeitet von Andreas Erdmann. Deutschsprachige Erstaufführung am 13. 10. 2011 am Düsseldorfer Schauspielhaus. Regie: Marco Storman.

Internet-Adresse:

https://www.janneteller.dk (Stand April 2019) → Informationen zur Autorin, ihren Büchern und Essays.

STICHWORTVERZEICHNIS